SI SU HIJO

- No lo escucha

- Está rebelde

- No se concentra ni se interesa en el estudio

- Pelea con los hermanos

- Tiene problemas con las drogas y el alcohol

- Está con malas compañías

Este libro le ayudara a comprender las conductas de su hijo, a cambiar las inapropiadas y reforzar las positivas. Entenderá porqué no obedece y como lograr ponerle limites. Podrá interpretar el significado simbólico de los juegos de su hijo, que lo preocupa y como resuelve sus conflictos.

Podrá entender como va desarrollando su personalidad y sobre todo de que forma puede intervenir a tiempo para incrementar capacidades, ayudarlo a encontrar su vocación y disminuir riesgos futuros.

Aquí aprenderá a enseñarle a su hijo a tener paciencia, a mejorar su autoestima y a comunicarse mejor. Le ayudará a encontrar la forma de hablarle sobre sexualidad y como evitar que su hijo caiga en las drogas y el alcohol. Hallará técnicas concretas para ayudarlo a interesarse en los estudios y a tener una adolescencia emocionalmente sana.

LA AUTORA

Dra. Iris Yankelevich (Argentina) es Psicoterapeuta, radicada en New York desde 1989. Realizó sus estudios en la Universidad de Cuyo, la Universidad del Salvador, la Universidad Hebrea de Jerusalén, Israel, y en New York University.

Sus estudios en Psicología, Historia, Filosofía y Religiones Comparadas le han dado una visión amplia y profunda del ser humano y sus conflictos.

Actualmente es directora y fundadora de Y.E.S. Educational Services. Ha creado la Escuela para Padres, que funciona en las escuelas públicas de la ciudad de New York, donde tiene también su práctica privada.

La doctora Yankelevich se presenta semanalmente en radio y televisión dando su aporte y beneciciando en especial a los padres latinos inmigrantes que residen en los Estados Unidos.

PADRES DE HOY

Instrucciones para
criar a sus hijos en
los tiempos modernos

Dra. Iris Yankelevich

PRIMERA EDICIÓN: 2006
primera impresión

Coordinación, diseño interior y edición: Edgar Rojas
Diseño de la cubierta: Gavin Dayton Duffy
Editor colaborador: Maria T. Rojas
Ilustración de la cubierta: © Kwame Zikomo / Superstock

Library of Congress Cataloging-in-Publication Data (Pending)
Biblioteca del Congreso. Información sobre esta publicación (Pendiente)

ISBN-13: 978-0-7387-0884-3
ISBN-10: 0-7387-0884-4

Llewellyn Español
Una división de Llewellyn Worldwide, Ltd.
2143 Wooddale Drive, Dept. 0-7387-0884-4
Woodbury, MN 55125-2989 USA
www.llewellynespanol.com
Impreso en los Estados Unidos de América

A mis hijos, Ariela y Juan Noé, que me dieron la oportunidad de ser madre y aprender de ellos, quienes fueron fuente de motivación e inspiración para la mayoría de mis acciones.

TABLA DE CONTENIDO

Prólogo

Siempre he pensado que criar a un hijo es como sostener un jabón mojado entre las manos. No se puede presionar mucho ni demasiado poco, no se puede inclinar demasiado la mano para ningún lado, la presión y el balance deben ser exactos para sostenerlo sin que se caiga.

- Cómo amar a un hijo sin sofocarlo
- Cómo protegerlo sin frenar su crecimiento
- Cómo ser su guía sin hacer las cosas por él
- Cómo darle libertad sin descuidarlo
- Cómo evitarle peligros sin sobreprotegerlo

Creo que para lograr todo esto se necesita mucho sentido común, intuición, madurez y, sobre todo, conocimiento. Por eso, es muy importante que los padres de hoy se informen, lean, asistan a conferencias, seminarios, y grupos de estudio o reflexión.

Hace veinte o treinta años, y hacia atrás, los cambios no eran tan grandes de una generación a otra, por lo tanto los padres transmitían a sus hijos, y estos a los suyos, las formas de educar, de proteger, de orientar. Pero ahora, si los padres intentan repetir lo que sus padres hicieron con ellos, no les resulta porque el mundo ha cambiado. De una generación a otra los cambios son enormes y nuestros hijos están creciendo en un mundo muy diferente al que nosotros crecimos. La humanidad como especie está en constante evolución, los niños hace treinta años no abrían los ojos antes de los quince días de nacidos, ni sostenían la cabeza antes de los dos meses.

Ahora los niños nacen con los ojos abiertos y a las pocas semanas sostienen la cabeza. Para qué hablar de la televisión, el participar de la vida de los adultos o el hacerlos parte de las conversaciones, todo esto influye. Los niños se desarrollan más rápido, razonan, exigen, corrigen, juzgan y hasta compiten con sus padres. Esto no se veía veinte o treinta años atrás. No se trata de ver si es mejor o peor, es lo que es. Es como ir en un barco a vela, no se trata de cambiar la dirección del viento sino ubicar la vela de manera que podamos usar el viento a nuestro favor para mover el barco. Los padres tenemos que cambiar la posición de las velas para que nuestros hijos vayan hacia adelante. Si dejamos las velas en la dirección que sopló el viento ayer, seguro que el barco no se moverá en la dirección adecuada.

El buscar información no es señal de debilidad o de ignorancia, por el contrario es señal de sabiduría y fortaleza. Aprender a ser padres en el mundo de hoy no es una tarea fácil, pero es posible si se busca información y guía; y digo aprender porque antes aprendíamos de nuestros padres, pero ahora cuando intentamos repetir lo que nuestros padres hacían con nosotros no nos da resultado. Por eso debemos aprender de otras fuentes, y no es que nuestros padres estuvieran equivocados, de hecho funcionó en su tiempo, pero ahora debemos buscar lo que funcione para el tiempo presente.

Este libro es mi humilde colaboración a este proceso de aprendizaje. Mi objetivo es hacerlos pensar en los efectos de cada cosa que hacemos o decimos a nuestros hijos, para que seamos movidos más por lo que queremos lograr que por el impulso o los miedos.

Cuando los padres tienen miedos, solo logran empujar las cosas hacia lo que le temen. Mientras más pensamos en lo que tememos más fuerza le damos y en vez de evitar, caemos en lo que tememos.

Los padres con hijos de todas las edades se encuentran con enormes dificultades y no encuentran guía. En otros tiempos los consejos de los abuelos, familiares, o la guía de las religiones bastaban. Ahora no alcanzan porque la realidad ha cambiado y la problemática es diferente.

Capítulo 1

CÓMO CONSEGUIR QUE LOS NIÑOS RESPETEN LÍMITES

Poner límites es una de las tareas más difíciles para los padres, en especial porque el sentido de autoridad ha cambiado. Ya no podemos decir: "¡Tienes que obedecer porque yo soy tu padre!". Lo más probable es que el niño conteste: "¿Y por qué tengo que obedecerte?". Es una pregunta que un niño hace veinte años jamás se le hubiera ocurrido hacer. Hoy los niños cuestionan, contradicen, se quejan, y reaccionan frente a cualquier límite.

La hora de dormir se transforma en una pesadilla para Rosa, madre de Yazmín, una niña de cinco años. A pesar de que la niña está exhausta porque hoy salieron de compras y caminaron toda la tarde, Yazmín no quiere irse a dormir. "Todas las noches es la misma pelea", nos dice Rosa. "No quiere quedarse sola, me pide que no me vaya, que le traiga agua, que no le apague la luz, que duerma con ella. Y yo me siento una madre cruel si me voy y la dejo sola en su cuarto. Siempre quiero ver a mi niña feliz, no soporto cuando llora y me pide algo que sé que puedo hacer".

El problema no es sólo que Rosa quiere que la niña obedezca una norma de horario para dormir, sino que quiere que la niña esté feliz con el límite que se le impone. Todos reaccionamos frente a los límites pero luego nos acostumbramos. El ser humano desde pequeño reacciona y rechaza los límites. ¿Quién de nosotros puede sentirse feliz porque no se puede estacionar el carro en la puerta del lugar donde vamos? También nosotros reaccionamos ante los límites; pero con el tiempo los vamos aceptando y después ya sabemos que es así y que no vale la pena rebelarse o quejarse. Lo mismo le pasa a un niño, al principio reacciona a un "No", pero luego si éste es firme, lo acepta.

Rosa cayó en "la trampa" de querer que su hija acepte un límite y que esté feliz con ello. Debemos aceptar que cuando le decimos "No" a nuestro hijo, puede no gustarle, puede presionarnos con gritos, llantos, caritas de dolor o manipulaciones afectivas como: "Ya no te quiero más". Y nosotros caemos en la trampa.

De esta forma es imposible poner límites y terminamos dejando que el niño haga todo lo que quiere. Pero cuando el niño experimenta que cualquier intento de sus padres de ponerle límites es un fracaso, él se siente fuerte, poderoso y piensa que todo gira alrededor de su voluntad. A medida que el niño crece es más difícil que acepte un límite si no lo hizo antes. Y cuando llega a la adolescencia es prácticamente imposible. Así, muchos padres sienten que sus hijos los tienen en un puño.

Debemos revisar qué estamos haciendo mal, y qué sen-
timientos tenemos que nos impulsan a permitirle todo
a un niño.

Es común que los padres divorciados no puedan ser suficien-
temente firmes con sus hijos debido a sentimientos de culpa más
o menos conscientes. (La madre puede sentirse culpable de no
haber podido retener al papá en casa, o de no haber elegido un
mejor padre para sus hijos. El padre que deja el hogar, generalmente se siente culpable del abandono, o de no estar con sus
hijos todo el tiempo que quisiese). Todos estos sentimientos son
aprovechados por el niño para su propio beneficio. El niño desde
muy pequeño aprende a observar las debilidades de sus padres y
a utilizarlas para su conveniencia. No debemos dejarnos engañar
por esos "ojitos tristes" que a veces nos hacen nuestros hijos
cuando no les autorizamos lo que ellos quieren.

¿QUÉ SE DEBE TENER EN CUENTA PARA CONSEGUIR QUE LOS HIJOS OBEDEZCAN?

CUANDO USTED PONGA UNA NORMA QUE SEA DEFINIDA Y CLARA

Si queremos que nuestro hijo no coma muchos dulces, pero
dejamos la lata de dulces a su alcance o le decimos: ¡No comas
muchos dulces! El niño contestará: "Pero mamá, no me comí
muchos dulces". (Tan sólo se comió la mitad de la caja).

El niño no tiene idea de cantidad, no sabe que significa
"muchos". Lo que para mamá puede ser mucho, para él es poco.
Lo conveniente es sacar de la lata tres o cuatro dulces y decirle:
"Sólo puedes comerte tres hoy, y mañana te daré tres más".

Si le decimos al niño cuando sale con su bicicleta: "¡No te vayas lejos!". Y luego el niño nos dice: "¡No me fui lejos, fui hasta allí nomás!". (A 50 cuadras de su casa). Lo que para la madre es lejos, para el hijo es cerca. La indicación debe ser definida: "No te vayas más allá del supermercado que está a dos cuadras" o "no pases más allá de la cuadra de la gasolinera que está en la calle Vermont".

Cuando le decimos a un adolescente: "¡No vuelvas tarde!" y él, o ella, se aparece a las dos de la mañana, al momento de cuestionarlo probablemente nos dirá: "¡Si no es tarde, sólo son las dos de la mañana!". En realidad debemos decirle: "Vuelve a casa antes de las 12 de la noche". Es importante darle órdenes definidas y claras. No debemos usar palabras ambiguas como mucho, poco, lejos o tarde. El valor de estas palabras es totalmente abstracto y cada persona le dará su interpretación según su conveniencia.

No ponga normas que usted no está dispuesto a cumplir.

Muchas veces reclamamos al niño que no debe mentir, que mentir está mal, sin embargo cuando suena el teléfono le decimos: "Si es para mí, dí que no estoy". Los niños aprenden con el ejemplo y no con las palabras.

José, un niño de seis años, reclamaba a su padre: "Si tú me dices que no debo pegarle a los más pequeños, ¿por qué me pegas tú a mí?". El niño comprende que las normas son para todos y lo que está mal, está mal para todos. ¿Qué valor tiene si un padre le dice a su hijo que no fume porque es malo para su salud, cuando él mismo es el primero en hacerlo? ¿Qué tipo de respeto puede inspirarle ese padre a ese hijo? Ninguno.

La madre de una niña de nueve años viene a nuestras oficinas preocupada por el sobrepeso de su hija. "Martita va a cada rato al refrigerador, come muchos dulces, helados y pan", dice la madre. Cuando le mencionamos a la mamá que la niña necesita una dieta sin azúcares y sin pan, ella nos dice: "Pero si mi marido llega a casa y no encuentra postres, tortas, galletas o pan se vuelve loco. Él mismo las compra y las trae a casa". Le preguntamos: "¿Su esposo también tiene sobrepeso?" "Bueno, . . . sí" responde la mamá de Martita. "Mi marido pesa 240 libras y sólo mide 5 pies y 6 pulgadas . . . tiene que rebajar unas 70 libras".

Si esta familia no está dispuesta a cambiar su alimentación, a eliminar los dulces y las harinas, ¿cómo se le puede pedir a la niña que lo haga? El niño desarrolla la voluntad viendo la voluntad en sus padres. Desarrolla la honestidad y la verdad, viéndolas en sus padres, y los padres pueden exigir cuando ellos se convierten en los mejores ejemplos de aquello que predican.

Sea consecuente, no cambie las normas cada día.

Si queremos que el niño apague el televisor y se vaya a la cama a las nueve de la noche, debemos estar alerta que esta regla se cumpla todos los días. Si nosotros ponemos la norma y cuando un día estamos con visitas y nos resulta cómodo que el niño siga viendo televisión hasta más tarde para que no moleste, al día siguiente cuando queramos que el niño apague el televisor nos dirá: "Pero si ayer me quedé viendo televisión hasta las once de la noche, ¿por qué hoy tengo que apagar el televisor a las nueve?".

Cuando el niño ve que las normas se pueden cambiar con facilidad, o de acuerdo a la conveniencia, él también querrá cambiarlas. El niño percibe que papá o mamá cambian las normas cuando les conviene a ellos y no entiende por qué él no puede hacer lo mismo. Si va a cambiar el horario de irse a dormir, o de la cena, o cualquier otra norma, avísele primero al niño dándole una razón valedera: "Desde ahora apagarás el televisor a las ocho y te irás a dormir. Cuando vuelva el verano y durante tus vacaciones, ya podrás acostarte una o dos horas más tarde".

No sea demasiado rígido ni demasiado flexible.

Claro que no podemos transformar nuestra casa en un regimiento militar. Debemos saber cuando podemos ser flexibles y cuando no. Debemos escuchar las razones que nuestros hijos nos dan y, siempre que sean válidas, podemos aceptar que el niño no vaya a cumplir una orden dada. En estas situaciones especiales tal como el cumpleaños del niño, podemos contemplarla y decirle: "Hoy acepto que te acuestes más tarde pero desde mañana debes hacerlo como siempre".

Pero debemos tener cuidado en no aflojar o ceder muy seguido y en observar que el niño no nos esté manipulando. Si el niño descubre que insistiendo o llorando consigue lo que quiere, lo usará cada día. Si el niño descubre que llorando y gritando dentro de una tienda mamá lo complace con tal de que se calle, cada vez que quiera que le compren algo, hará lo mismo. En estos casos debemos ser firmes y hacerles entender que aunque lloren, pateen o griten no conseguirán lo que quieren; por el contrario, lo que conseguirán es que vuelvan a casa inmediatamente y de esta forma se quedarán sin nada. Tal vez el niño repita la escena dos o tres veces más, para probar si es verdadera la firmeza de mamá, y luego aprenderá que mamá le compra cuando ella quiere o puede y no cuando a él se le ocurre.

La palabra disciplina tiene la misma raíz de discipulado y quiere decir enseñanza, por lo tanto disciplinar a un niño significa enseñarle, mostrarle lo que está bien y lo que está mal, y esto no significa castigo. Muchos padres interpretan que disciplinar es castigar, y el castigo no enseña sino que, por el contrario, genera rebeldía. Cuando queremos enseñar debemos explicar, orientar, y si el niño no lo acepta, hacerle sentir las consecuencias, no como un castigo sino como el efecto de su acción.

Capítulo 2

CÓMO CAMBIAR CONDUCTAS INAPROPIADAS EN LOS NIÑOS

Encontrar una forma no destructiva de cambiar algunas conductas en los niños es un gran desafío para los padres. El primer paso es seleccionar qué conductas queremos erradicar y dar prioridad a aquellas que son más agresivas o molestas para los padres, maestros y hermanos, ya que este tipo de conductas produce muchos problemas de relación y afectan la autoestima del niño.

En la siguiente lista de conductas inapropiadas, usted puede marcar aquellas que desea erradicar primero y si su hijo tiene alguna que no está en la lista, agréguela.

- Golpear adultos o a otros niños

- Llorar a gritos cuando no tiene lo que quiere

- Burlarse de otros niños o adultos

- Lanzar objetos a otros en forma agresiva
- Responder mal o gritar cuando le indican algo
- Arrancarle por la fuerza juguetes a otros niños
- Romper objetos o juguetes intencionalmente
- Dar patadas a otras personas
- Morder a otros
- Halar (tirar) el cabello a otros
- Escupir a otros
- Interrumpir persistentemente cuando otros hablan
- Maltratar o herir a los animales
- Dañar ropa o muebles de la casa
- Provocar y buscar pelea intencionalmente
- Exigir o demandar que hagan algo en el momento que quiere él
- Quejarse constantemente
- Desobedecer a los mayores
- Usar malas palabras
- Hacer caras o gestos ofensivos para otros
- Pedir en forma exigente que le compren algo cada vez que sale con sus padres
- Presionar con llanto y enojos para obtener lo que quiere
- Mentir u ocultar algo que ha hecho
- Negarse a ayudar cuando se lo piden
- Hacer ruidos molestos

Debemos tomar en consideración solamente aquellas conductas que son repetitivas. Si sólo aparecen ocasionalmente, es conveniente investigar a fondo la razón o el motivo que el niño tuvo para actuar de esa manera y decirle claramente que no vuelva a hacerlo.

IGNORAR CONDUCTAS INAPROPIADAS

Una de las técnicas más simples para cambiar una conducta indeseada, es simplemente ignorarla, quitar la atención sobre ella. Claro que esto puede hacerse en una etapa en la que todavía no se ha "instalado" totalmente la conducta como algo repetitivo. La atención es muy importante en el desarrollo histórico del establecimiento de la conducta en cuestión, así como juega un papel muy importante en el mantenimiento y la repetición de la conducta. La atención de los padres es extremadamente importante para el niño y él puede estar buscándola a través de ciertas acciones.

Muchos niños descubren que reciben más atención con ciertas acciones "negativas", y es por eso que las repiten hasta que se transforman en un hábito. Muchos padres dicen: "Yo le doy a mi hijo mucha atención cuando hace algo positivo", pero si le prestamos la misma atención cuando hace algo bueno y algo malo, nada puede cambiar en el balance de las dos. Por eso es importante poner la mayor atención en las acciones positivas e ignorar las negativas. Por ejemplo, si el niño contesta mal, ignorar cuando lo hace y hacerle notar que nos agrada cuando nos contesta respetuosamente, el niño sentirá que al hacerlo correctamente recibe más atención y reconocimiento que cuando no lo hace. A veces puede haber una pequeña mejora en la forma de contestar y aunque todavía no sea la manera correcta, los padres deben demostrarle que han notado el cambio y expresarle la satisfacción que sienten por el progreso.

Recuerde que todo niño busca la atención y el reconocimiento. Es como si nosotros un día nos cambiamos el peinado y cuando llegamos al trabajo todos nos expresan su agrado por el cambio, seguramente continuaremos peinándonos así, porque todos necesitamos recibir aprobación y buscamos que los demás nos devuelvan una imagen positiva de nosotros mismos. Eso será un gran estímulo.

Con los niños es muy importante utilizar palabras y frases afectuosas y también expresiones físicas como caricias y abrazos, pero no "regalos materiales". Ignorar una conducta que no nos gusta no es fácil, debemos estar preparados para lo que pasará, una vez que no le prestamos atención a lo que el niño está haciendo, justamente para "atraer" la atención, probablemente "gritará más fuerte" o se quejará con más ganas. Una vez que usted seleccione qué conducta específica ignorará debe decirse a sí mismo, por ejemplo: "Yo sé que cuando Toni no logre mi atención llorará más fuerte y gritará y pateará. Debo no prestarle atención y hacer como si ni me diera cuenta. Si yo le presto atención cuando él grita más fuerte, sólo reforzaré su conducta ya que él sabrá en qué nivel de grito yo reaccionaré". Continúe hablándose a usted mismo en una forma positiva para no caer. Llegará un momento en que el niño verá que no logra nada y se calmará, tal vez caerá rendido, dormido o simplemente se pondrá a jugar. Hablarse a usted mismo le ayudará a mantenerse firme hasta el final.

CAMBIANDO CONDUCTAS CON EL 'TIME OUT'

'Time Out', que traducido en este caso significaría 'Momento de cambio', es una técnica muy usada y sobre la que se han escrito varios volúmenes debido a los excelentes resultados que produce cuando se trata de cambiar conductas. Esta técnica consiste en sacar al niño por un corto período de tiempo de cualquier estímulo o actividad para inducirlo a tomar una pausa y a reflexionar sobre su comportamiento.

Por ejemplo, si un niño golpea a su hermana y ya se le ha dicho que no lo haga, se le dice al niño que vaya a su habitación **donde él se sienta aburrido,** o puede ser el baño, o en el cuarto y se pone un reloj despertador para que suene cuando se haya cumplido el tiempo. El criterio es usualmente un minuto por cada año que tiene el niño. Por ejemplo, si el niño tiene cinco años, tiene que quedar cinco minutos sentado sin moverse en el cuarto. Es importante que no se digan más de diez palabras, ni se tarde más de diez segundos en decirle al niño que debe ir al 'Time Out'. Debe ser una consecuencia inmediata de su conducta.

Durante el tiempo que el niño cumple con el 'Time Out', nadie debe tener contacto con el niño, ni hablarle ni jugar con él. Por supuesto que tampoco el niño puede escuchar radio ni ver televisión. No debe tener ningún juguete ni en las manos ni cerca de él. Inmediatamente que suene el timbre del despertador o el 'timer' (de los que se usan para la cocina) se le indica al niño que puede continuar con sus actividades normales y se le pregunta si sabe la razón por la que se lo mandó a 'Time Out'. Es importante que el niño lo diga, porque es una forma de que tome conciencia de lo que hizo y comprenda que el 'Time Out' es una consecuencia de su acción. Esta técnica es especialmente indicada para actitudes agresivas e impulsivas.

No hay que hacer abuso de esta técnica y usarla a cada rato por cualquier cosa. Hay que definir una conducta que se quiere cambiar y utilizar el 'Time Out' cada vez que el niño repita la conducta inapropiada.

LUGAR PARA EL 'TIME OUT'

Hay que usar un lugar en que el niño pueda estar solo y no se distraiga con nada exterior. No encierre al niño con llave ni lo coloque en un lugar oscuro o sin suficiente aire.

USO DEL 'TIMER' O RELOJ DESPERTADOR

Es importante que el reloj marque tiempo para que no sea el padre o la madre quien esté vigilando sino que sea un objeto externo el que marque el tiempo.

MIENTRAS EL NIÑO ESTÁ EN 'TIME OUT'

Muchos padres cometen el error de leerles un cuento o encender la radio. Esto hace que la técnica no sea efectiva. El niño debe sentir el aburrimiento.

Capítulo 3

EL SIGNIFICADO DE LOS JUEGOS DEL NIÑO

Muchos padres piensan que el niño está "perdiendo el tiempo" mientras juega. José, el padre de un niño de seis años, nos dice en nuestras oficinas: "Cuando Alex llega de la escuela hace la tarea, luego la madre se lo lleva a la biblioteca, los martes y jueves va a la clase de karate y el resto de los días me lo llevo a trabajar conmigo, para que me ayude. Quiero que desde ahora aprenda a tener responsabilidad". Le preguntamos: "¿A qué hora juega?". "No, eso no se lo permito, no quiero que mi hijo pierda el tiempo en tonterías", responde José.

Es muy importante que el niño tenga un horario para hacer la tarea, otro para ir a la biblioteca, otro tiempo para practicar algún deporte y otro para colaborar y compartir alguna tarea con sus padres, pero también es indispensable que tenga un tiempo para jugar.

Es en el juego donde el niño puede canalizar sus frustraciones, desarrollar sus fantasías, enfrentar conflictos y aprender a resolverlos, como también experimentar con nuevas situaciones. Estas "exploraciones" benefician el lenguaje y la capacidad de aprendizaje.

Un niño alrededor de los dos años ya puede convertir una cajita de cartón en un ómnibus o dos sillas en un tren. Utilizando la imaginación, y con los elementos mínimos, construye un mundo que no está allí. Esta habilidad para dar diferentes utilidades a un mismo objeto y fantasear, favorece la comprensión posterior de los números, las letras e ideas abstractas. En realidad, son los antecedentes del pensar.

"¡A la cama inmediatamente, ya es hora de dormir!", le ordena Daniel a su osito. "Mamá, ¿quieres ser tú mi prima Paula y yo la maestra?", le dice Ana María a su madre. A este tipo de juego, se le llama 'juego simbólico'. Es también cuando un niño convierte un palo de escoba en un caballito, o una silla en el automóvil de papá. Y aunque parezca simple diversión, tiene una importancia crucial en el desarrollo de los niños.

Por ello, es necesario no comprarles tantos juegos electrónicos cuando es pequeño, lo mejor es darle la oportunidad de jugar usando su propia imaginación. En estos juegos reflejan su vida familiar y lo que les preocupa. A veces un muñeco o un osito es un mediador a través del cual el niño canaliza sus frustraciones, sus deseos, y su agresión. También lo usa como medida de seguridad que lo ayudará a estructurar su personalidad. Por eso, el muñeco u osito no deben cambiarse ni lavarse, debe ser siempre el mismo.

PADRES DE HOY 17

¿CUÁL ES LA MEJOR MANERA DE JUGAR CON EL NIÑO?

Muchas veces el niño nos invita a participar en sus juegos. "Papi, tú eres el ladrón y yo el policía". Es importante participar y compartir pero sin arruinarle la espontaneidad del juego simbólico. Debemos tratar de no introducir nuestras ideas y dejarlo que él, o ella, de rienda suelta a su imaginación. Tampoco debemos usar el juego para dañar su autoestima o su autovaloración.

"Ven mami, te invito a tomar café". (Unas tapitas de Coca Cola son las tazas.) Podríamos decir: "¡Que café tan delicioso preparaste!" o "sírveme un poco más y con dos cucharadas de azúcar, lo quiero más dulce". No hay que decirle, por ejemplo: "Esas son tapas de Coca Cola, no tazas de café, así no se sirve, y no se pone tanta azúcar, debes aprender primero".

Se puede decir: "Muy bien, tú quieres ser la maestra y yo el alumno", en vez de decirle al niño "yo seré la maestra porque soy más grande y sé más que tú".

Podemos seguir su fantasía y cuando el juego termine decirle lo divertido que ha sido y devolverlo a la realidad. Por ejemplo: "Este juego estuvo muy lindo, ahora debo preparar la cena y alistarte para el baño, mientras tu ordenas los juguetes".

CONOZCA A SU HIJO OBSERVÁNDOLO

Podemos entender muchas cosas observando al niño. El juego simbólico es una ventana que nos muestra su mundo interior. Las acciones que repite más seguido nos dan una idea de lo que le preocupa, y cómo resuelve las situaciones nos da una idea de cómo resuelve sus conflictos. Por ejemplo, si un niño le dice a su osito: "Llegaré tarde, pero no llores". Podemos deducir que al niño le afectan las ausencias y las llegadas tarde de sus padres y está tratando de enfrentar y resolver su dolor para que no le moleste tanto. La invitación a tomar café es un signo de querer crecer y ser como mamá, quien tiene amigas y les sirve café. El niño intentará asumir los roles de las personas más cercanas, su papá, su mamá, sus abuelos, o la maestra.

Estos juegos le dan la oportunidad de manejar sus sentimientos y reducir la tensión o el estrés que éstos le producen. Es como una liberación de "algo" que está adentro y necesita salir. Lo ideal es darle objetos poco estructurados para que ponga en funcionamiento su imaginación. Cosas como: plastilina, cajitas, cubos, papel y lápices, títeres, disfraces, libros con imágenes, etc.

Es importante que el niño no pase la mayor parte del tiempo libre mirando televisión o jugando con el *Nintendo*. Lo normal es que un niño quiera pasar todo su tiempo jugando. Hay que ponerle algunos límites y alternar con responsabilidades como tareas, ayudar a mamá preparar la mesa o bañarse. Si un niño no muestra deseos de jugar, podría estar teniendo algún problema orgánico o emocional. Es necesario consultar a un profesional.

Capítulo 4

CÓMO EVITAR QUE
LOS NIÑOS MIENTAN

Descubrir que nuestro hijo nos ha mentido, sobre todo si confiábamos en él, puede ser catastrófico para nuestra relación con el niño. Ya no podemos confiar, y si nos sentimos traicionados, decepcionados, comenzamos a preguntarnos: *¿Qué hice yo para que mi hijo mienta?* Ya no podemos confiar en su palabra cuando nos dice que ha terminado la tarea. "¿Será que realmente la ha terminado o es que ya llegó la hora de su programa favorito en la televisión?".

Las mentiras traicionan y destruyen la cercanía entre padres e hijos. Engendran desconfianza y los padres no pueden llevar a cabo su papel de proteger, aconsejar y guiar a sus hijos si reciben información falsa.

¿Qué deben hacer los padres para conservar la confianza y fomentar la verdad sin ser agresivos, y permitir que sus hijos tengan intimidad y autonomía suficientes para crecer y desarrollar su conciencia propia? No deseamos hacer un asunto federal de cada pequeña mentira, pero tampoco queremos fomentarlas ignorándolas. A pesar del papel tan importante que tienen las mentiras, pocos padres tienen en cuenta la gran influencia que tienen sus propias mentiras en sus hijos. *Si llama tu tía Rosita, dile que no estoy. Si tu padre pregunta por qué nos demoramos, dile que había mucha gente en el supermercado.* De esta forma, sin quererlo, estamos enseñando a nuestros hijos a mentir, ya que el niño piensa que "si mamá lo puede hacer, yo también". ¿Cómo podemos hacerle entender a un niño que si nosotros mentimos está bien, pero si él lo hace, será castigado? *¿Por qué la trampa que hice en el examen de la escuela es peor que la que papá y tú hicieron en la declaración de impuestos?*, le reclamaba un niño de 11 años a su madre.

El ejemplo de los padres tiene gran importancia en el aprendizaje de la mentira pero no es el único factor a considerar; hay otras razones como el miedo al castigo, la inseguridad, la baja autoestima, el grado de adaptación, etc., que también influyen en que un niño mienta.

MIEDO AL CASTIGO

José Luís, un niño de 9 años, desviaba la mirada cuando le preguntamos cuál era la última mentira que había dicho a sus padres. *¿Es cierto que si se la digo, mis padres no se van a enterar?*, pregunta el pequeño. *No, todo lo que dices en terapia es confidencial entre tú y yo. Me acerqué a la computadora de papá para poner uno de mis juegos y tiré de la mesa el teclado, algo se desconectó. Sabía que papá se iba a enojar mucho porque él cuida su computadora más que a él mismo, y varias veces me dijo que no la use cuando él no está presente. Así es que puse el teclado en su lugar y no dije nada. Al día siguiente mi papá preguntó '¿quién tocó mi computadora? ¡No puedo hacerla andar!' Le preguntó a mi hermano y él dijo que no, y luego me preguntó a mí. 'No, yo no la toqué,' le respondí.*

José Luís tuvo miedo a la reacción de su padre. En este caso su padre debería preguntar: *Tal vez alguien tocó mi computadora y sin querer desconectó algún cable, por favor quien fue ayúdeme a descubrir que pasó.* Y cuando el niño diga la verdad, felicitarlo por su honestidad, y luego de resuelto el problema hablarle serenamente. *¿Ves lo que sucede cuando tú quieres jugar con la computadora no estando yo presente? Es para prevenir este tipo de situaciones que te pedí que no la uses solo. Cuando seas más grande y ya tengas más conocimiento y práctica no me necesitarás a mí y podrás usarla cuando quieras. ¿Te comprometes a no usarla cuando yo no esté? Yo creo en tu palabra.*

Cuando un niño siente que confían en él no rompe sus promesas. En este caso, el padre impulsa a su hijo a actuar correctamente para evitar un problema futuro. El acento está en la acción correcta y no en la mentira. Si los padres no reaccionaran violentamente estimularían al niño a decir la verdad. De lo contrario el niño miente por miedo al enojo de sus padres.

Cuando descubrimos una mentira, es importante preguntarnos el motivo por qué nuestro hijo nos mintió. Si la respuesta es porque tuvo miedo a nuestra reacción, debemos preguntarnos: *¿He reaccionado anteriormente en alguna forma que haga a mi hijo tenerme miedo? ¿Lo voy a castigar por el accidente?, o le voy a hacer ver que rompió una regla que yo puse. En este caso 'no usar la computadora cuando yo no esté presente'.*

Cuando un niño rompe una regla, debemos confrontarlo y mostrarle el efecto de hacerlo. Pero si lo hacemos con violencia o enojo, no estamos tomando una actitud educativa, sino "quitándonos la rabia" por la desobediencia.

BAJA AUTOESTIMA

También es importante cómo se hace la pregunta inicial. Esta debe alentar al niño a decir la verdad. En vez de decir con voz dura y violenta: *¿Quién rompió el vaso?* Podemos decir: *No debimos dejar el vaso en un lugar tan expuesto, era fácil tirarlo. ¿Fuiste tú o tu hermana? Debemos ser más cuidadosos con las cosas frágiles.*

Señalar directamente al niño o decirle frases como: *Siempre el mismo distraído, todo se te cae de las manos, nunca prestas atención*, sólo acentuará estas actitudes. Ya estamos determinando que el niño no es cuidadoso, ya le estamos poniendo un rótulo negativo. Él lo creerá de sí mismo y seguirá actuando de acuerdo a la imagen que tiene de sí mismo. Debemos evitar palabras como "siempre", "nunca", o adjetivos como "distraído".

Debemos hacerle notar que hoy no tuvo cuidado, pero que confiamos que en el futuro, prestará más atención, cuando tenga algo en sus manos o esté mal apoyado sobre la mesa. Debemos abrir la posibilidad a que él mejore, preste más atención y demostrarle que tenemos fe en él.

Algunos niños mienten por alardear o aumentar su status. En estos casos, el niño utiliza algunos elementos de la realidad y otros los inventa. Nos contaba una maestra de escuela que Teresita, una niña de 7 años, en una ocasión llevaba puesta una camisa roja y le explicó a la maestra que toda su familia usaría una igual a la de ella en la boda de su tío que sería en un lujoso restaurante. Dijo que su tío tenía tres trabajos y le prometió que ella sería madrina de su primer hijo. Varias semanas después, en una reunión con los padres, la maestra le preguntó a la madre de Teresita: *¿Cómo estuvo la boda de su hermano?* Ella respondió: *¿Qué boda?* Luego explicó que su hermano no se había casado, se había ido a vivir con su novia, que tenía un solo trabajo y no pensaba tener hijos por ahora.

Es evidente que Teresita tiene una gran necesidad de llamar la atención, de que la escuchen y recurre a cualquier fantasía para hacer su relato más interesante. La niña no siente que si

cuenta la realidad tal como es va a ser escuchada con atención.
Aquí el problema es que Teresita no siente que se le presta suficiente atención. En su casa son varios hermanos, sus padres tra-
bajan y cuando vuelven están cansados. Algunos niños tienen
más necesidad de atención que otros. Si bien, en este caso el
problema mayor no es la mentira sino la necesidad de ser aten-
dida y escuchada, es importante no dejar pasar estos inventivos
relatos. La niña, de tanto mezclar la realidad con la fantasía,
comienza a confundirse, a creerse lo que inventa y luego piensa
que en realidad pasó lo que es sólo su imaginación. Muchos
adultos continúan con este problema empezado en su niñez.

LA MENTIRA POR VERGÜENZA

Clarita, una pequeña de 5 años, se levantó de su silla. Su madre
se dio cuenta que sus pantalones estaban mojados. *Clarita ven
para acá. ¿Están mojados tus pantalones?* preguntó la madre.
Mami, yo no mojé mis pantalones, la silla estaba mojada.

Básicamente Clarita tenía vergüenza, y a veces no podía
controlar su vejiga por no dejar de jugar. Ella aguantaba tanto
que llegaba un momento en que no podía controlarse. Aquí el
problema real no es la mentira de Clarita, sino su dificultad
para atender las necesidades de su cuerpo. En este caso no es
conveniente acentuar la mentira de Clarita o castigarla por ello,
sino que el acento debe ser puesto en la necesidad que ella vaya
al baño inmediatamente cuando sienta deseos.

Cuando una mentira es para ocultar la vergüenza se debe
dar más importancia al motivo de la vergüenza que a la mentira en sí.

¿POR QUÉ ALGUNOS NIÑOS MIENTEN MÁS QUE OTROS?

Una investigación hecha por el Colegio de Maestros de la Universidad de Columbia de Nueva York sobre la mentira en los niños arrojó una enorme cantidad de datos que nos aclaran varios aspectos sobre los niños que mienten. Participaron once mil niños de 19 escuelas, de 2° a 5° grado, a quienes se los incitó a mentir y a hacer trampa en exámenes escolares y se les dio oportunidad de robar dinero. Mientras los científicos sabían quienes habían mentido, los niños no estaban enterados que los científicos sabían.

Cuarenta y cuatro por ciento de los niños hicieron trampa al tomar las pruebas de la escuela y la gran mayoría mintió luego cuando se les preguntó si habían hecho trampa. Más del ochenta por ciento de los que hicieron trampa, después mintieron. Sólo un veinte por ciento confesó haberlo hecho. La pregunta de los científicos fue: ¿Porqué algunos niños fueron honestos y otros mentirosos? Para contestar estas preguntas, se hicieron entrevistas a los padres en sus casas observando la interacción con los niños.

No se encontró que el nivel económico influyese para que un niño mienta. El estudio demostró que la mayoría de los niños que mienten también tienen problemas de conducta, inadaptación, roban pequeñas cosas, o son haraganes. También el mentir con frecuencia se asocia a peleas, agresividad y en muchos casos al uso de drogas. Los niños inadaptados rompen reglas establecidas por sus padres, la escuela o la sociedad, y ellos mentirán para evitar que se les castigue.

El noventa por ciento de los niños que mintieron mostraron en pruebas posteriores que tenían una baja autoestima y se observó que no existía una buena comunicación con sus padres. Se mostró que el no respetar reglas provenía de una forma inadecuada de disciplinarlos.

Capítulo 5

¿CUÁL DE LOS DOS LADOS DEL CEREBRO PREDOMINA EN SU HIJO?

Si nos hablan de una persona y nos dicen que es muy cerebral, inmediatamente suponemos que se trata de alguien poco expresivo en sus emociones y que prefiere hechos concretos a entregarse a cosas imaginarias. En cambio, si nos dicen que van a presentarnos a una persona muy sentimental, pensamos en alguien con quien deberemos ser cautelosos, ya que podríamos herirlos con facilidad o podría reaccionar abruptamente ante cualquier situación que lo presione o lo ponga incómodo. Una persona sentimental puede ser expresiva y comunicativa o bien introvertida y reservada, pero lo que sí es claro es que se trata de alguien impresionable, para quien sus estados de ánimo y sus emociones son lo más importante. La mayoría de las personas somos una combinación de estos dos tipos, pero, uno de los dos es el rasgo predominante.

Lo mismo ocurre con los niños. Por ejemplo, cuando Darío, un niño de cuatro años, le arrebata un carrito a su hermano Pablo, la primera reacción de este último es ponerse a llorar. Luego se refugia en los brazos de su mamá y se lamenta largamente expresando mucho dolor por lo que le hizo su hermano. Días después, Darío repite la misma acción y le arrebata el osito a su primo Juanito. Éste inmediatamente mira el payaso de Darío y planea la posibilidad de "negociar" un intercambio: "Si no me devuelves el osito, yo no te doy tu payaso". Es muy claro que la reacción de Pablo y Juanito corresponden a dos caracteres muy diferentes. El primero reacciona emocionalmente y el segundo reacciona racionalmente. Son niños que muestran formas diferentes de enfrentar la vida.

Los niños en quienes predomina la reacción racional utilizan más el lado izquierdo del cerebro, mientras que los niños emocionales tienen más desarrollado el lado derecho. Los niños que utilizan más su lado izquierdo son más autónomos, en el sentido de que dependen más de sí mismos para tomar decisiones y solucionar sus problemas. Desde que empiezan a caminar, quieren hacer todo por sí mismos, se relacionan mejor con las cosas que con las personas. Tienen un espíritu investigador y tienden a desarmar cualquier juguete para ver cómo es por dentro. Se interesan por los mecanismos que rigen los hechos, y por las causas y efectos de las cosas. Son más independientes en sus criterios, y sobre todo les gusta comprobar las cosas por sí mismos, así como llegar a sus propias conclusiones. Son más rebeldes en aceptar o hacer las cosas como uno les dice, y generalmente necesitan tener sus propias experiencias.

A los niños que utilizan más el lado derecho del cerebro les interesa ante todo el contacto humano y solicitan ayuda con mayor facilidad. Son más dependientes en el sentido de necesitar más de otras personas, les cuesta más estar solos y buscan apoyo emocional cuando se encuentran en dificultades, tal como hizo Pablo al refugiarse en los brazos de su mamá.

Como padres, es muy importante que tengamos en cuenta estos distintos caracteres cuando tratamos a nuestros hijos. Un niño racional, con predominancia de su cerebro izquierdo, necesita de explicaciones precisas y dirigidas a los hechos objetivos. Si queremos que haga algo, es necesario darle la explicación lo más razonable posible. Este tipo de niño no aceptará una explicación como: "¡No debes hablar por teléfono porque te lo ordeno yo!" En cambio, si le explicamos cuánto cuesta una llamada telefónica y que nos cortarán el uso del teléfono si no podemos pagarlo, este niño obedecerá más fácilmente. Con un niño de carácter emocional, estas explicaciones no servirán de mucho, ya que lo que sentirá con más fuerza es el dolor de no poder hablar con su amigo. Si nos acercamos a él, lo tomamos en brazos y le decimos que entendemos su necesidad de hablar con su amigo, pero que será mejor para él verlo personalmente mañana en la escuela, es probable que entre besos, abrazos y ese instante compartido con la mamá, la llamada telefónica deje de tener importancia. Este niño necesita comunicación y caricias, más que razonamientos y explicaciones prácticas. En cambio, a un niño con predominancia del cerebro izquierdo, pueden hasta molestarle las caricias.

También debe ser diferente la forma en que tratamos los éxitos de cada tipo de niño, ya sean éxitos escolares o en otros ámbitos. Un niño emocional necesitará escuchar lo orgulloso que nos sentimos de él y cómo valoramos su esfuerzo. A un niño "racional" le interesará más saber primero qué es lo que hizo bien y por qué. Los dos precisan oír los halagos y la explicación del por qué de sus logros. La diferencia radica en el orden en que debemos decírselos.

Ambos tipos de caracteres son igualmente valiosos y muchas veces pueden no coincidir con nuestra propia tendencia. Por ejemplo, un padre muy racional o cerebral tal vez esperaría tener un hijo que funcione de la misma manera, o sea, que tener un hijo emocional podría hacerlo sentir frustrado y no poder comunicarse bien con él. O una madre de carácter muy emocional, se sentirá dolida cuando su hijo no responda a las demostraciones de afecto de la misma manera. Por eso es tan importante para los padres determinar a cuál de estos dos grupos pertenece su hijo y a cuál pertenecen ellos mismos. Esto ayudará a comprender al niño, facilitará la comunicación y mejorará la disciplina.

Una vez que hemos determinado a cuál de estos dos grupos pertenece nuestro hijo, debemos tomar en cuenta sus características para comunicarnos mejor con él, pero también es importante estimularlo a que desarrolle el lado del cerebro que usa menos. *Mientras un niño sentimental* (lado derecho) *tiende a conectarse mas con su parte emocional, intuitiva, un niño racional* (lado izquierdo) *tiende a conectarse con el mundo lógico y objetivo.*

COMUNICÁNDOSE CON EL NIÑO RACIONAL

- Este tipo de niño necesita explicaciones concretas y que le expresen los sentimientos con palabras.

- Es necesario ayudarlo a que tome en cuenta a los demás y a que comprenda los sentimientos de otras personas.

- Hay que llevarlo a ver películas con elementos emocionales y hablarle de nuestros propios sentimientos.

- Este niño disfrutará de las lecturas sobre la vida de los animales y las plantas. Se interesará por las ciencias y las matemáticas.

- Si bien es cierto que no debemos forzar a estos niños a ser muy demostrativos, debemos hacerles entender la importancia de la comunicación afectiva y el placer que las otras personas sienten cuando se les manifiesta cariño. De esta manera el niño "entenderá" la importancia de ser expresivo.

- No se inclinará mucho por el arte (dibujo, pintura, música), por lo tanto no debemos exigirle o tener expectativas de él en este campo.

COMUNICÁNDOSE CON EL NIÑO EMOCIONAL

• Hay que tratarlo con sensibilidad y cariño, pero no debemos exacerbar su emotividad.

• Hay que enseñarle a razonar y a comprender la causa y el efecto de las cosas.

• Este niño será creativo, sociable y tendrá facilidad para las artes (dibujo, pintura y música.)

• Será propenso a ser desordenado y poco prolijo; sin embargo debemos prestar atención especial para que desarrolle estas cualidades.

• Debemos estimularlo a que sea más independiente y a que no busque ayuda para todo.

• Este niño disfrutará de la compañía de la familia y de algunos amigos especiales.

• Tenemos que tratar de no sobreprotegerlo, ya que podemos incapacitarlo para su vida futura.

• Es importante ponerlo poco a poco y muy "dulcemente" en contacto con las "realidades" de la vida y enseñarle a superar dificultades.

COMENTARIO

Algunos niños presentan características de los dos grupos. Es decir, que utilizan en forma equilibrada los dos hemisferios del cerebro. En este caso, no es tan necesario desarrollar el funcionamiento de un lado, sino entender y estimular la gran variedad de intereses y posibilidades que estos niños presentan.

En una familia puede haber un niño que pertenece al grupo racional, y su hermano al tipo emocional. Es importante que cada uno de los padres respete y valore las diferencias entre estos niños, sin hacer comparaciones que hagan sentir a uno de ellos disminuido. Debemos recordar que no hay dos seres humanos iguales en este mundo.

Capítulo 6

CUANDO LOS NIÑOS NO QUIEREN COMER

En el acto de alimentarse, el recién nacido expresa su voluntad de vivir. Sabemos que la succión es un reflejo que existe desde el nacimiento y, se le alimente con pecho o con botella, el bebé establece su primera relación con la madre por intermedio de la boca. Si toma toda la leche, la madre se siente satisfecha, pero si la rechaza o no la termina, la madre se angustia. Muchas madres sacan conclusiones apresuradas y ejercen presión para que el niño termine su leche.

La falta de apetito puede corresponder a problemas muy diversos, ya sean de origen físico o psicológico. El comportamiento del niño con respecto a la alimentación depende de la relación establecida con la madre. Si por ejemplo la madre está inquieta o ansiosa, puede influir en el apetito del bebé. Si ese niño no fue "querido o esperado" sino que nació por "un descuido" en las fechas, o por una falla en el método anticonceptivo, es probable que la madre sienta un rechazo, que está presente aunque la madre crea no demostrarlo, especialmente durante los primeros meses de vida. El niño percibe ese rechazo, y puede manifestarlo como una falta de apetito. Si el hambre expresa el deseo de vivir, no tenerlo indica lo contrario. Claro que no se debe generalizar, no todos los bebés pierden el apetito porque están afectados por el estado emocional de la mamá o porque se sienten rechazados. Muchas veces el niño se acaba de despertar y puede alimentarse despacio o quedarse dormido en el medio. En estos casos no conviene despertarlo, es importante respetar el ritmo del bebé.

Marta y Roberto están inquietos porque su hijita de dos meses toma mal el pecho, deja de chupar y a veces se duerme o llora sin haber mamado lo suficiente. Cuando llega algún familiar a la casa les encanta mostrar a su primogénita. La levantan de la cuna y la mecen un poco para despertarla. *Espera, tienes que verle los ojos son iguales a los de su padre*. La bebita rompe a llorar y Marta la pone al pecho, convencida de que su hija tiene hambre. La pequeña lo rechaza, llora un rato y vuelve a dormirse.

En este caso los padres no están respetando el ritmo de su pequeña hija, y anteponen su orgullo de padres que quieren mostrarla. Un niño pequeño requiere regularidad. Si se rompe el ritmo, se hace difícil saber por qué llora.

Es muy importante consultar al médico, en especial si observamos que el bebé no aumenta de peso. El destete es un momento muy importante para el futuro desarrollo del niño, es el paso en que la mamá deja de darle el pecho y comienza a alimentarlo con el biberón. El destete debe hacerse de manera progresiva.

Si se cambia bruscamente puede producir rechazo del bebé hacia el plástico de la tetina, y por consiguiente producir una disminución del apetito. El cambio debe ser gradual, considerando que el bebé debe renunciar al cálido contacto con el cuerpo físico de la mamá y acostumbrarse al contacto con el plástico. El mismo cuidado debe tenerse cuando se pasa a una alimentación más sólida. Es necesario darle tiempo al niño para que se acostumbre a la nueva forma de alimentación, que aprenda a masticar y a tragar pequeñas cantidades. Lo mismo pasa alrededor del año y medio cuando ya está en condiciones de comer en la mesa con el resto de la familia. Es otro cambio que debe ser gradual, porque requiere el aprendizaje de reglas de conductas y el uso de la cuchara. El niño disfruta mucho de compartir con sus padres y hermanos el momento de la comida; y es cuando se puede aprovechar para enseñarle ciertas normas como no ensuciarse, no tirar la comida al suelo, no jugar con el plato o el vaso, etc.

EL NIÑO NO QUIERE COMER LO QUE LE SIRVEN

Marisa tiene casi tres años y desde hace dos meses rechaza sistemáticamente lo que su madre le prepara. Su madre decide preguntarle lo que quiere comer antes de preparar la comida. *¿Pasta o papas? ¿Manzana o banana?* Sin embargo el problema no se resuelve. Una vez que el plato está sobre la mesa, la niña se niega a comer y pide otra cosa.

En este caso no es solamente el problema de lo que le gusta comer o no, sino que Marisa está en el período del "NO", y, el permitirle elegir, no evita que rechace lo que le dan. En este caso la madre no debe ponerse nerviosa, sino restarle importancia al asunto y decirle a la niña: *Te preparé lo que me pediste. Si ahora no quieres comerlo, no importa, lo guardaremos para mañana. No volveré a cocinar, te irás a dormir y si mañana quieres, lo comes.* Es probable que la niña no pase más de unas noches sin comer y luego decida aceptar lo que le dan. Es importante no darle la oportunidad al niño de aprender a manipular con la comida, y a esperar que mamá esté siempre dispuesta a satisfacer sus caprichos.

Se deben respetar los gustos del niño, pero hasta cierto punto. Es necesario acostumbrarlo a comer frutas y vegetales, no solamente hamburguesas o 'hot dogs'. Cuando algo se repite diariamente se transforma en una costumbre. Si nunca le damos una ensalada, el niño la rechazará cuando la vea y dirá "no me gusta". El 'gusto' se hace con la costumbre; nos gusta aquello a lo que estamos acostumbrados a comer. Nos gusta el arroz con frijoles porque nos acostumbraron desde niños. Al niño le gustarán las hamburguesas si es lo que le damos con frecuencia. La alimentación debe ser variada y siempre con vegetales crudos y frutas que contienen el mayor porcentaje de minerales y vitaminas. En esto son muy importantes los hábitos familiares. Si el niño no ve que sus padres comen vegetales, pues no le gustarán. **No se puede lograr que el niño coma aquello que uno rechaza.**

Muchos niños se acostumbran a comer papas fritas, galletas o dulces entre las comidas. Esto es muy nocivo, pues les quita el apetito, y sobre todo hay que observar que este hábito obedece generalmente a estados de ansiedad que el niño calma comiendo. Hay que buscar el origen de la ansiedad y sacar de su alcance las galletas, las papas fritas y los dulces.

Con respecto a la cantidad de comida, es importante observar al niño que, de acuerdo a su metabolismo y a la cantidad de ejercicio físico que hace, necesita más o menos cantidad de comida. A veces los padres obligan a un niño a comer más porque piensan, *lo que come no es suficiente*. Sin embargo un niño normal y sano gradúa la cantidad de alimentos acorde con lo que su organismo necesita. No hay reglas fijas. Hay niños que con poca cantidad de alimentos obtienen lo que necesitan. Se debe prestar atención al peso del niño. En caso de que comience a bajar, hay que consultar al médico.

LA NEGATIVA DE UN NIÑO A ALIMENTARSE SE DEBE GENERALMENTE A TRASTORNOS EMOCIONALES

Si un niño muestra en extremo este problema es probable que padezca de "anorexia nerviosa", que es un trastorno psicológico que debe ser tratado por un profesional. En el niño anoréxico la falta de apetito está acompañada por vómitos cada vez que come y por una disminución rápida de peso. A veces hasta se provocan voluntariamente el vómito. Este problema suele darse bastante en adolescentes debido a la agudización de problemas emocionales no resueltos en la infancia.

LOS NIÑOS QUE COMEN DEMASIADO

Los niños que poseen sobrepeso generalmente muestran dos tipos de problemas. Unos son la causa de que coma demasiado y otros son los efectos de su sobrepeso.

CAUSAS DEL SOBREPESO

Una vez que se ha descartado que el niño tenga problemas hormonales, es necesario atender a las causas psicológicas que producen que el niño coma demasiado. Puede ser ansiedad, angustia o una gran necesidad de "llenar con la comida" un vacío emocional. A los niños que les falta afecto y atención o aquellos que son excesivamente sobreprotegidos suelen mostrar problemas de sobrepeso. El niño como el adulto, puede comer por soledad, por falta de atención, por falta de amor, por ansiedad o por no poder encontrar ninguna otra forma de placer. "Comer es la única forma de placer que tengo", dice el niño.

El sobrepeso debe ser tratado con psicoterapia, debido a que es un indicativo de trastornos emocionales y en la mayoría de los casos, no es el niño si no el resto de la familia la que necesita ver en que forma puede estar contribuyendo al problema. En muchos casos el hábito de "picar entre comidas" puede presentarse en algunos de los padres y el niño aprende esa forma de desviar la ansiedad. En este caso es el adulto quien tiene que comenzar a resolver su propio problema.

EFECTOS DEL SOBREPESO

No hablaremos aquí de los efectos sobre el cuerpo físico que son importantes, pero sí de los efectos en el plano psicológico. Los niños "gorditos" sufren la burla de sus compañeros, que los llaman por apodos (gordito, cerdito, etc.) y tienen dificultades para integrarse socialmente. Todo esto afecta enormemente la autoestima del niño, y por lo tanto su rendimiento escolar.

Si un niño no equilibra su peso durante la infancia, le aca-
rreará más problemas durante la adolescencia. Muchos niños
muestran disgusto por comer solos, a horarios diferentes de los
de sus padres. Todo esfuerzo que se haga para comer juntos por
lo menos una comida al día traerá enormes beneficios no solamente al niño sino al resto de los miembros de la familia. **La
comida familiar establece un vínculo de relación y una posibilidad de comunicación muy importante. Un ambiente aco-
gedor y tranquilo abre el apetito y facilita la digestión.**

No permita que el momento de la comida se transforme en
un campo de batalla. Recuerde que los problemas relacionados
a la alimentación casi siempre tienen un origen emocional. No
espere a que las cosas se compliquen. Es importante que el niño
asocie el momento de comer con una experiencia de contacto, comunicación, y armonía. Eso lo ayudará a que el comer sea
un momento esperado.

Capítulo 7

CUANDO LOS HIJOS QUIEREN TODO ¡YA!

Algunos niños son muy impacientes y no pueden esperar cuando piden, por ejemplo, comida, agua, o un juguete. También les resulta difícil controlar su urgencia si tienen que esperar a que se cumpla un proceso para obtener lo que quieren: que se llene la bañera para poder bañarse, que su mamá se cambie de ropa para llevarlo al parque, etc. Rosario, la madre de una niña de 20 meses, nos cuenta cómo resolvió la impaciencia de su hija cuando se despierta a la mañana y no puede esperar a que su mamá le prepare el desayuno. "Inventé el juego de la espuma. En cuanto se despierta la llevo en brazos hasta la cocina para que vea cómo saco la leche de la heladera y la pongo a hervir. Mientras espera ella mira atentamente la lechera y dice 'sube, sube, sube', hasta que a veces se desborda, y ella ríe y aplaude. Yo digo 'sube, sube' con la melodía de alguna canción y así transformamos ese momento, en vez de llanto y tensión, en una oportunidad para compartir y disfrutar juntas. Como mi hija se despierta hambrienta y es muy impaciente inventé este juego para que soporte el tiempo de espera mientras le preparo el desayuno".

La impaciencia en los niños es normal porque la vivencia que ellos tienen del tiempo es emocional. También lo es para el adulto, por eso la espera es interminable cuando estamos angustiados y el tiempo se pasa muy rápido cuando estamos disfrutando de algo. Los adultos, por un proceso de aprendizaje y socialización, adquirimos otra concepción del tiempo que es externa a nosotros: la marca el reloj. Para un niño el lapso de espera entre pedir algo y que se le otorgue, le parece una eternidad, y mientras más pequeño es peor. Los recién nacidos quisieran tener el pecho en la boca apenas se despiertan. No toleran ni un minuto la espera, poco a poco van aprendiendo.

¡AQUÍ! ¡AHORA MISMO! ¡YA!

Debido a que el niño tiene muy poca idea del pasado y del futuro, el niño vive constantemente en el presente, atraído por nuevos objetos y situaciones que se van presentando. No sólo quiere ya mismo las cosas que ve a su alrededor, sino que también construye en su mente imágenes de lo que le gustaría tener: un carrito que su mamá le prometió o el postre que la abuela preparó para después de cenar. Esta vívida imaginación le hace más difícil aún la espera. **Sin embargo es tarea de los padres enseñarle a funcionar en un mundo donde no es suficiente nombrar o pedir las cosas para tenerlas inmediatamente.** Para que pueda ir

aprendiendo a saber esperar, la actitud de los padres es fundamental. Si a la madre le producen mucha ansiedad los gritos de
su hijo y satisface de inmediato sus pedidos, no lo está ayu-
dando. En cambio, si lo va acostumbrando desde pequeño a
breves esperas, el niño irá entendiendo que entre su deseo o su
pedido y la satisfacción de obtenerlo, hay un tiempo de espera.
Lo peor que hay es salir con el niño y comprarle lo que a él se
le ocurre en el camino. El niño probablemente querrá todo lo que
ve y si se acostumbra a que se lo compren, cuando se le diga que
no, llorará, gritará y presionará hasta conseguirlo.

Si su hijo le pide algo por la calle, usted le dice que si está
seguro que lo quiere que se lo pida nuevamente cuando vuelvan a casa y usted verá cuando será posible comprárselo.

Si el niño verdaderamente desea eso que pidió lo recordará
al llegar a casa. Si no es importante para él, seguramente se olvi-
dará; si lo recuerda y se lo pide, usted puede decirle que se lo
comprará el próximo fin de semana cuando salgan de compras.
Y por favor, si se lo promete, cúmplalo. Para el niño es muy
importante que usted cumpla sus promesas, de lo contrario perderá confianza en su palabra. De esta forma el niño irá aprendiendo que si de verdad quiere algo, puede obtenerlo pero
sabiendo esperar el momento apropiado.

ENSÉÑELE A CONTROLAR LA IMPACIENCIA

Los adultos tendemos a usar palabras como ahora, más tarde,
o luego, cuando un niño nos pide algo. Si el niño es pequeño
estas palabras no le dicen nada, son demasiado abstractas para

él. La forma de describir el paso del tiempo de una forma más concreta es teniendo en cuenta lo que él está haciendo en ese momento. En vez de decirle que su comida estará lista enseguida, se le puede decir, si está pintando con lápices, que podrá comer cuando termine de pintar su dibujo. Como el niño no entiende el paso del tiempo, a partir de las actividades durante el día se le puede decir: "Iremos al parque cuando termines tu tarea o luego de bañarte podrás mirar un rato televisión". Cuando es necesario explicarle algo que ocurrirá en un futuro más lejano como el regreso del padre después de un viaje: "Papá estará de vuelta cuando duermas y te despiertes muchas noches".

Algo que funciona muy bien con los niños, especialmente los más pequeños, es la distracción. Si el niño está muy impaciente por salir a la calle, en lugar de decirle "espera un poco y cállate", se le habla de otra cosa que pueda interesarle o se le muestra un objeto de su interés. Este recurso de la distracción es muy efectivo hasta aproximadamente los 3 años, luego hay que ir abandonándolo y explicándole la razón de la espera o mostrándole que usted comprende su ansiedad. Usted puede decirle por ejemplo: "Sé lo difícil que es esperar, pero hay que hacerlo, es necesario ya que debemos esperar a tu padre". Es importante enseñar al niño a esperar, de lo contrario crecerá con un sentimiento de omnipotencia, "Todo lo que quiero lo obtengo de inmediato", y cuando se dé cuenta que en la vida las cosas no son así, sufrirá y sentirá frustración cada vez que le suceda. Es necesario que aprenda a afrontar "esperas" que tendrá que vivir muchas veces en su vida.

ENSEÑAR CON EL EJEMPLO

La paciencia también se enseña con el ejemplo, por eso hay que aprender a mantenerse sereno y esperar con calma. Los padres impacientes nunca podrán lograr que su hijo sepa esperar. La impaciencia se contagia y los niños aprenden imitando nuestras actitudes frente a la vida.

CULTIVAR LA PACIENCIA

Si hay que ir a algún lado donde haya que esperar, lleve juguetes, agua, galletas. Invente algún juego o canción de la espera para repetirlo cuando haya que esperar. No prometa cosas para después de la espera que no podrá cumplir. Mantenga la calma y entreténgalo. El cultivo de la paciencia será fundamental para que su hijo tenga éxito en la vida.

Capítulo 8

CÓMO NUESTROS JUICIOS AFECTAN A LOS NIÑOS

Martha, una mamá de tres niños dice "¡Eres un irrespe-tuoso y grosero!", cuando el menor de ellos interrumpe por cuarta vez su conversación con una vecina. "¡Estoy cansada de tus interrupciones, no me dejas conversar!", exclama la mamá de María cuando ésta la interrumpe repetidas veces.

¿Cuál es la diferencia en la respuesta de estas dos madres? Martha lanza un juicio a su hijo "desde las alturas", le pone un rótulo de "irrespetuoso y grosero" dándole un golpe directo a la imagen que tiene el niño de sí mismo. La mamá de María, en cambio, no actúa como un juez que lanza su veredicto, sino que transmite sus sentimientos y el efecto que producen las interrupciones de su pequeña hija. "¡Estoy cansada de tus interrupciones ya que no me dejas conversar!" La mamá de María no está dañando la auto-imagen de su hija, sino que está expresando cómo afecta su acción. La diferencia en la forma de reaccionar de estas dos madres está en que la primera daña la auto-imagen, el auto-respeto y la valoración que tiene su hijo de sí mismo.

La segunda madre le está "enseñando" cómo afectan sus interrupciones, de esta manera la niña se da cuenta que lo que ella hace produce un efecto negativo y estará más dispuesta a cambiar su actitud. Los padres disminuyen, juzgan, avergüenzan, castigan, y sólo consiguen que sus hijos no se sientan amados y que tengan una mala imagen de sí mismos. Cuando esa auto-imagen se refuerza cada día con palabras como "eres irrespetuoso, eres grosero", el niño continuará actuando de acuerdo a su auto-imagen.

Debemos evitar los rótulos y el enjuiciamiento porque
esto produce culpa y baja autoestima

Cada niño incorpora los rótulos y los juicios a la imagen de sí mismo y luego actúa de acuerdo a ella. Debemos dejar de ser jueces y transformarnos en reactores y espejos que le muestren al niño el efecto de su acción. Imaginemos que somos niños y recibimos las siguientes reacciones de nuestros padres. ¿Cuál de las dos formas nos haría mejores?

PADRE A

"¡Eres un haragán, un vago, nunca llegarás a nada!" "¡Eres un desconsiderado, todo es un desorden! ¡Mira como es tu hermano de ordenado, pero tú eres un desastre!". "¡No pellizques a Carlitos! ¡Eres malo con tu hermanito, no tienes sentimientos!"

PADRE B

"¡Estoy preocupado por tus notas! ¿Qué te está pasando? ¿No entiendes a la maestra, o no te dan ganas de estudiar? Veamos cómo puedo ayudarte". "No quiero tener que andar recogiendo tus cosas; si mantienes el orden tú te sentirás más confortable". "A Carlitos le duele cuando lo pellizcan, y no le gusta que le hagan eso". "Un niño bueno e inteligente como tú puede entender eso, ¿verdad? ¡A ti no te gustaría que te pellizcaran!"

Las palabras del Padre A hacen que el niño se sienta culpable, herido, atacado, y su autoestima dañada. Todo ataque produce un "contra ataque". Es probable que el niño, a propósito, siga interrumpiendo, o desordenando, o pellizcando a su hermanito como una forma de "desquitarse". Nuestros juicios producen un efecto contrario, y harán que el niño siga haciendo lo mismo. Los juicios y los rótulos hacen pensar al niño que sus acciones y su persona son lo mismo: "Si actúo mal, soy mala persona", y de esta forma el niño va haciéndose una imagen negativa de sí mismo. Las palabras del Padre B le hacen saber al niño los sentimientos de su padre y los efectos de sus acciones sin hacerlo sentirse atacado.

No hay niño que se comporte siempre de manera aceptable, ya que el niño está constantemente aprendiendo, y al aprender se cometen errores. Y cuando nuestras palabras equiparan sus actos con su persona, el valor personal del niño sube y baja de acuerdo a sus actos, de este modo el niño no puede desarrollar una idea sólida de su valor personal. Aunque no creamos que nuestros hijos sean malos o tontos o inaplicados, si se lo decimos con nuestras palabras, lo aceptarán como una realidad. Cuando nuestros hijos tienen una mala imagen de sí mismos sienten que no merecen nada bueno.

Son las niñas que de adultas aceptan ser rebajadas, traicionadas, desvalorizadas por un hombre, o en su trabajo, porque tienen una imagen tan pobre de sí mismas que piensan que no merecen nada mejor. Son los niños que de adultos aceptan ser explotados en sus trabajos o rebajados por su mujer. Son los hombres que no progresan en la vida porque no se valoran a sí mismos y en el fondo sienten que todo sufrimiento en su vida es merecido porque no "valen nada".

CÓMO EVITAR ENJUICIAR A SU HIJO

Para evitar los juicios, hable con su hijo de lo que pasa dentro de usted y de los efectos o resultados de su comportamiento pero sin emplear rótulos. Nunca se deben emplear palabras como: vago, haragán, desordenado, lerdo, egoísta, mezquino, desvergonzado, etc., son palabras enjuiciadoras que le dan al niño una mala imagen de sí mismo.

Veamos las diferencias entre un padre o madre que enjuicia y rotula y uno que reacciona con lo que siente y da una enseñanza del efecto de la acción.

En vez de decir: "¡Eres siempre tan lerdo!", "¡No seas sucio!" "¡No te creo, eres un mentiroso!" "¡Tonto, no se te ocurre nada mejor!" Es mejor decir: "Veo que llegaremos tarde a la escuela". "Luego tendrás que limpiar las migas del bizcocho que dejaste caer en el piso". "Quiero estar segura que lo que dices coincide con lo que haces. ¡Te doy mucho valor cuando me dices la verdad!". "Siempre te hablo de los peligros de jugar en la calle; tengo miedo que te pase algo".

CÓMO APRENDER A NO ENJUICIAR

Para la mayoría de nosotros, aprender a no emitir juicios es difícil, porque nos hemos pasado la vida siendo juzgados y nuestra mente está acostumbrada a juzgar. Silenciosamente pensamos: "¡Eso es estúpido!", "¡Qué persona tan tonta!", "¡Eso está mal!" Lo hacemos hasta con nosotros mismos: "¡Qué estúpida fui!", "¡Qué ridícula me veo!" Para liberarnos de este hábito, debemos darnos cuenta que estamos juzgando y cuando nos oigamos hacerlo, cambiar el juicio por una acción positiva. Cuando una amiga nos cuenta que hizo esto o aquello en vez de contestar: "¡Qué ingenua eres!", Podemos decirle, "Yo también hice algo parecido y lo lamenté después".

De esta manera hablamos del efecto de un sentimiento sin emitir juicios. Es necesario tomar conciencia, estar vigilante y practicar constantemente. Este esfuerzo valdrá la pena.

BENEFICIOS PARA LOS HIJOS

Usted podrá pensar: "Pero mi hijo seguirá siendo juzgado y rotulado por amigos, maestros y más adelante compañeros de trabajos y jefes". Es cierto que será rotulado y enjuiciado por el mundo exterior. Pero es probable que pueda no darle importancia a los juicios ajenos si las personas importantes en su vida no lo han aplastado con evaluaciones personales y lo han valorizado especialmente en sus años de formación. Así su auto-imagen se formará positivamente. El niño crecerá seguro de sí mismo, no se sentirá atacado y no necesitará contra atacar. Tampoco se sentirá culpable, sentimiento que no lleva a nada positivo.

El niño al recibir ejemplos constructivos actuará así con los demás y consigo mismo. Crecerá seguro y confiado. Con una buena imagen de sí mismo tendrá éxito en todo lo que se proponga en la vida. Tendrá una autoestima elevada y se valorará a sí mismo, lo que logrará que los demás lo valoren también.

Capítulo 9

CÓMO LA TELEVISIÓN
AFECTA A LOS NIÑOS

En el periódico *The New York Times* se publicó en 1949: "Gracias a un nuevo aparato, la televisión, ahora las familias permanecen unidas en una sola habitación". En el mismo año en la publicación *The New Yorker* también se escribió: "Ahora con la televisión, se han cortado las distancias entre padres e hijos". Muchos comentarios como éstos surgían entre las personas dando la bienvenida al nuevo invento. Claro que en esa época no podían valorar el efecto de este "nuevo invento" y no podían comprender hasta qué punto distorsionaría la comunicación entre los miembros de la familia, ni que un día en una misma casa, tendrían más de un televisor. Tampoco imaginaban cómo cambiaría el empleo del tiempo libre ni el efecto que tendría en la capacidad de socializar de un niño o como afectaría en los niveles de violencia de la sociedad.

Nadie pronosticó en aquel entonces que la televisión causaría verdaderos estragos en la comunicación familiar, sin embargo la realidad cotidiana demuestra que en muchos hogares el único momento en que la familia se reúne (a veces) es la hora de la comida, y en este tiempo está el aparato encendido y la familia en silencio. El televisor ha alterado los rituales familiares que son aquellas acciones diarias a través de las que una familia organiza su sistema de convivencia y en los que cada miembro desempeña un papel específico, por ejemplo, las comidas, la hora de ir a la cama, las vacaciones, los fines de semana, etc.

Algunos padres mandan a sus hijos a ver televisión para que dejen de pelearse. Tal vez piensan en que en vez de impulsar al niño a que aprenda a resolver los conflictos, es mejor escaparse de la realidad viendo un programa de televisión. Todo problema entre hermanos no resuelto va acumulando rencor y resentimiento que tarde o temprano se manifiesta. Los niños pasan muchas horas fuera de casa separados de sus padres, cuando regresan pasan horas sin que haya una palabra entre ellos porque están viendo la televisión.

A veces son los padres quienes no los dejan hablar porque son ellos quienes están viendo su programa favorito. Luego a cenar, donde el único ruido que se escucha es el de los platos, tenedores y "el grito de la mujer asesinada en la pantalla". Luego a dormir y el día siguiente en que se repite la misma escena. Poco a poco los miembros de una misma familia se convierten en extraños. La única intervención de los padres en la vida de sus hijos es para decirles: "No hagas esto", "No seas maleducado", "Debes sacar mejores notas en la escuela", etc. El niño siente que sus padres están ahí para reprenderle, amenazarlo, y decirle lo que debe hacer. Poco a poco el niño comienza a ignorarlos, no escucha, no contesta cuando se le habla. El niño piensa: "Para qué, si va a decirme lo que debo hacer y lo que hice mal". Cada vez el niño sube más el volumen del televisor y está más conectado con la pantalla que con el mundo a su alrededor.

Gracias a la televisión las madres mantienen quietos a sus hijos, los padres evitan la queja de su esposa y así los conflictos no salen a la luz y parece que todo estuviera bien hasta que un día mamá descubre que su hijo dejó la escuela o está usando drogas y no sabe qué pasó. Llega a decir: "Todo estaba bien en esta familia hasta que esto pasó". El problema no comienza allí; el abandono de la escuela o el usar drogas es el resultado de un proceso que comenzó muchos años antes, no el comienzo del problema. Pero no pudieron darse cuenta porque no había comunicación y los conflictos, en vez de resolverse, se tapaban con la televisión.

ME ABURRO

Una joven madre nos dice: "¿Por qué a mi hijo no se le ocurre nada que hacer sino mirar la televisión?". Esta es la situación con que se encuentran muchos padres cuando deciden apagar el televisor. A los niños no se les ocurre qué hacer y los padres no soportan verlos vagar por la casa sin sentido, quejándose como si la vida se les estuviera terminando. La televisión reemplaza el esfuerzo que tienen que hacer los padres para entretener y educar a sus hijos. Si les sacamos horas de ver televisión tenemos que estar con ellos, sacarlos al parque, leerles cuentos, jugar con ellos algún juego de mesa o tener que oír el problema de un adolescente que nosotros no sabemos cómo resolver.

Debemos estar dispuestos a todo esto porque sin el televisor el niño no sabe cómo entretenerse solo. Debemos darle al niño un tiempo para que aprenda a usar su tiempo libre, para que aprenda a desarrollar su capacidad de juego tal y como lo hacíamos nosotros jugando con un palo de escoba, pretendiendo que era un brioso caballo. De golpe no podemos pretender que tenga imaginación y capacidad creativa, si hasta ahora ha pasado todo su tiempo libre sentado mirando la televisión.

MI HIJO NO HABLA, SÓLO VE LA TELEVISIÓN

Dice una madre de un niño de tres años: "Danielito pasa horas mirando la televisión, no sé si entiende todo lo que ve, pero lo que me preocupa es que casi no habla, señala con el dedo lo que quiere y veo que otros niños de su edad hablan más que él". Si su hijo todavía no va a la escuela y pasa muchas horas mirando la televisión, cuidado, entre otras muchas cosas pueden afectar algunos de los pasos necesarios para la correcta adquisición de lenguaje.

Para entender esto es necesario profundizar en la naturaleza del lenguaje y la forma en que se adquiere y se desarrolla. La corteza cerebral está dividida en dos partes llamadas hemisferios; cada una de ellas tiene funciones propias. El hemisferio derecho controla los movimientos del lado izquierdo del cuerpo, y el hemisferio izquierdo controla los movimientos del lado derecho. El hemisferio izquierdo también opera con todo lo relacionado con la lógica, las matemáticas y el lenguaje, mientras que el derecho se ocupa de la distribución espacial, visual, creativa e intuitiva.

Una persona muy creativa, artística, tiene más activado el lado derecho del cerebro mientras que un matemático tiene más activado el lado izquierdo. Las funciones de cada hemisferio evolucionan y se activan con la experiencia. En nuestro sistema escolar se desarrolla más el lado izquierdo. Por ejemplo, cuando a causa de un accidente se daña el lado izquierdo, esa persona tendrá grandes dificultades de lenguaje y razonamiento matemático, y si se trata de un adulto puede perder hasta la capacidad de hablar. Si el afectado es el hemisferio derecho, perderá la habilidad para reconocer a las personas que lo rodean, puede perder el tacto pero se conserva el lenguaje.

De esta forma el cerebro humano posee dos tipos de inteligencia: la verbal-matemática y espacial-visual. En el caso de un dibujante el cerebro derecho se ha desarrollado más y en el caso de un químico es el izquierdo el más desarrollado. El hemisferio cerebral que más hemos desarrollado se convierte en dominante y es en ese campo que somos más hábiles. A partir del año en que se desarrolla el pensamiento verbal, el niño comienza a combinar los dos hemisferios; y así un estímulo visual provoca una respuesta verbal.

Un exceso de televisión en niños que empiezan a pronunciar sus primeras palabras, puede adormecer el hemisferio izquierdo, produciendo un mayor estímulo en el lado derecho. Es así como el niño será más lento en la adquisición del lenguaje lógico y el razonamiento matemático. Muchos lingüistas como Chomsky afirman que a la edad de dos años el niño debe recibir estímulos que generen una respuesta verbal. Si no hay adultos que esperen o exijan una respuesta de él, se mostrará un retraso en el lenguaje y cierta desventaja en los procesos de razonamiento con respecto a otros niños de su edad. La televisión es un sistema de comunicación 'unidireccional', que no exige respuesta, por lo tanto acentúa una pereza y 'adormecimiento verbal y lógico'.

LA TELEVISIÓN Y EL JUEGO

A partir de la aparición de la televisión los niños sienten menos deseos de explorar, crear y trabajar para conseguir una meta. Se ha empobrecido su imaginación. El juego impulsa al niño a explorar todo lo que le rodea, con todo quiere jugar y va descubriendo en qué cosas es más fuerte y más débil, o lo que le gusta y le disgusta. La televisión, por el contrario, genera pasividad e inactividad. A partir del juego el niño aprende a disfrutar y a compartir, y sobretodo aprende a valorar y a considerar los sentimientos de otras personas. El niño frente al televisor está solo, no se comunica con otros, aun cuando estén sus hermanitos allí, y sobre todo le quita la oportunidad de aprender a comunicarse y conocer a quienes le rodean. El niño se vuelve egocéntrico y tiene dificultades para tolerar a otros niños.

El niño a medida que juega va tejiendo un complicado sistema de comunicación con todo lo que le rodea, inventa situaciones nuevas y también soluciones. La televisión le da todas las respuestas y las situaciones ya estén inventadas. La curiosidad se pone en funcionamiento cuando el organismo se siente movido a explorar y aprender. La televisión suele despertar la curiosidad pero sólo mientras el niño está "enganchado" frente a la pantalla, pero hace disminuir la curiosidad en otros terrenos de la vida cotidiana, donde obligaría al niño a moverse físicamente y ejercitar su lógica, su memoria, etc.

INVESTIGACIONES

TELEVISIÓN Y VIOLENCIA

Un informe de la Asociación Psicológica de los Estados Unidos (ASE) dice que el niño norteamericano promedio ha visto 8.000 asesinatos y otros 100.000 actos de violencia al terminar su escuela primaria. El estudio asegura que la violencia en televisión influye especialmente a niños y adolescentes a usar la agresividad para resolver sus conflictos.

Y no carguemos toda la culpa a la televisión; las emisoras dan lo que la gente quiere ver. Ellos saben que si ponen un programa educativo, en lugar de una película y sexo, disminuirá la audiencia. Si cambiáramos de canal o apagáramos el televisor cuando hay una película violenta, seguramente obligaríamos a las emisoras a tener una programación más educativa.

¿Qué debe hacer? La mejor solución es seleccionar los programas que ven sus hijos y reducir el tiempo en que éstos están frente al televisor. Los niños deberían ver un máximo de una hora diaria de televisión. Pase más tiempo compartiendo con ellos, hablando, jugando y si hay que trabajar, no permita que la persona que los cuida los siente frente al televisor para que "no molesten".

Compre juegos de mesa, como ajedrez, backgamon, el estanciero, etcétera, para los días de invierno cuando no puedan salir al aire libre.

Capítulo 10

CÓMO AYUDAR A LOS NIÑOS CON DIFICULTADES DE APRENDIZAJE

Una vez que se ha determinado que un niño tiene dificultades de aprendizaje, los padres se ven obligados a tomar varias decisiones importantes. Primero tienen que decidir si van a creer en ese diagnóstico o no. A veces sienten que no pueden confiar en el juicio de un experto en particular. En estos casos se necesita una segunda opinión. Otras veces los padres no son capaces de manejar la noticia de que su hijo tiene dificultades de aprendizaje y no se resignan a aceptar ese veredicto. Sin embargo, hasta que los padres no acepten el hecho, nada puede hacerse para ayudar al niño ya que será imposible llevar a cabo todas las adecuaciones necesarias tanto en la casa como en la escuela. Es importante que comprendan a fondo la problemática del niño. Los que ven con claridad cuál es el problema de su hijo, por lo general no dudan en aceptarlo.

El segundo paso es hacerse la pregunta: "Si mi hijo tiene un problema de aprendizaje, ¿cómo puedo ayudarlo?" Algunos mantienen el problema en secreto o tratan de hacer como que no existe. Otros piensan que dejando pasar el tiempo, el problema desaparecerá por sí mismo. Algunos van al otro extremo; el problema del niño se convierte en el punto central de la familia. Tanto ignorarlo como exagerar la atención son igualmente contraproducentes.

Muchos padres son reacios a poner a su hijo en clases especiales o enviarlos a una terapia.

En una clase normal, los niños con dificultades de aprendizaje suelen ser objeto de burla por parte de sus compañeros y la sensación de fracaso y frustración comienza a arraigarse en el niño creando severos problemas de conducta o una reclusión, aislamiento y soledad extrema ya que se sienten infelices. Muchas veces llega hasta el punto que el niño no quiere ir más a la escuela. Sin embargo, cuando la maestra les comunica a los padres que su hijo será enviado a una clase especial, que debe ser llevado a terapia, los padres sienten que están marginando a su hijo. Así como los padres tienen que aprender a aceptar que su hijo tiene dificultades de aprendizaje, el niño también tiene que aprender a vivir con esa realidad. Mientras el niño está en una clase normal sin ningún tipo de ayuda, se siente inferior, que "no puede" como los demás. Sin entender que tiene una dificultad, su autovaloración disminuye. En cambio, si el niño comprende que una dificultad puede ser superada con el tratamiento adecuado, estará dispuesto a colaborar y no se sentirá que es tonto o menos, sino que debe trabajar para resolver algo de lo que no es culpable.

Alentando al niño a que oculte la verdad ante él mismo y ante los demás no lo ayuda. El primer paso es ayudarle a comprender que su problema puede ser resuelto si él pone de su parte y se deja ayudar por personas que están especialmente capacitadas para ello. Es muy importante recordar que quien nunca acepta que tiene un problema, nunca llegará a resolverlo, justamente porque no lo reconoce como tal.

Una de las primeras cosas que deben determinar los padres del niño que presenta dificultades de aprendizaje, es si el problema es de origen emocional o fisiológico. A través de la ayuda de una batería de pruebas junto con la observación del niño, el psicólogo llega a determinar si el problema es de origen emocional o físico. En el caso de ser un problema fisiológico el niño debe ser referido a un neurólogo u otro especialista. Es importante recordar que cuanto antes se descubra la causa de un problema, más rápidamente se le puede dar una solución a éste. Los niños que no son ayudados a tiempo, suelen convertirse en el futuro en un problema crónico para ellos mismos, para sus padres y para la sociedad.

En la mayoría de los casos se puede reconocer con facilidad cuando un niño tiene dificultades de aprendizaje (D. A.), aunque existen evaluaciones especiales para detectarlos. Muchas veces es la maestra quien envía al niño a una evaluación con un profesional especializado, dentro de la misma escuela. Muchos padres luego de tener el resultado de la evaluación se resisten a llevar a sus niños a terapia, especialmente porque no están claros en qué consiste o porque dudan del criterio del evaluador o de la maestra. Es necesario tener en cuenta que si no se reconoce el problema es imposible ayudar al niño. Cuando los padres deciden ignorar la situación o piensan que sólo con el tiempo mejorará, lo que logran es demorar y agravar el problema, que a veces llega hasta que el niño pierda el interés por el estudio al sentirse incapacitado para superar las dificultades que se le presentan. Cuando los padres se muestran reacios a llevar al niño a una terapia están decidiendo sobre el éxito o el fracaso de la vida de su hijo. A medida que pasa el tiempo el problema empeora. Si el niño se siente menos que sus compañeros, bajará su autoestima y terminará dejando la escuela. El resto lo sabemos: no tendrá posibilidades de trabajo y se sentirá inferior a otros. Ese sentimiento lo llevará a que su vida sea un reflejo externo de lo que siente. Le será difícil encontrar la pareja adecuada, ya que la desvalorización en una persona la lleva a unirse a quienes la hacen sentirse inferior, y de esta forma se confirma a sí misma que no vale nada. Todo este encadenamiento de situaciones puede evitarse si se toma acción de inmediato, y una vez detectado el problema, se le busca solución.

Las dificultades de aprendizaje se resuelven con una terapia adecuada. Pasaré a describir los síntomas más comunes en los niños con dificultades de aprendizaje, pero se debe tener en cuenta que un niño puede tener uno o varios de los síntomas. Es posible que un niño pequeño presente varios de los problemas que se mencionan sin que ellos sean dificultades de aprendizaje y sólo un profesional calificado está en condiciones de dar un diagnóstico completo. Las dificultades de aprendizaje no tienen nada que ver con la inteligencia del niño. La cantidad de síntomas que presenta el niño no indica si el problema es leve o severo. La magnitud del problema debe ser medida por un profesional.

CONFUSIÓN DIRECCIONAL

Muchos niños con dificultades de aprendizaje tienen problemas para diferenciar entre derecha e izquierda (sólo tomarlo en cuenta cuando los niños son mayores de 5 años). Si se les pregunta para qué lado irá, tal vez señalará el lado correcto, pero dudará al decir si es izquierda o derecha —pedirle a un niño con D. A. que toque su ojo izquierdo, le será difícil decidir cuál es, lo pensará, y cuando lo diga no estará seguro si lo ha dicho correctamente—. Algunos adultos que sufren trastornos en el aprendizaje sienten vergüenza al confundir la derecha con la izquierda. Muchas personas aprenden a vivir con este problema y encuentran diversas formas de compensarlo. Marta, una joven de 28 años, llevaba siempre su reloj en la mano izquierda y primero miraba el reloj antes de contestar algo referente a la izquierda o la derecha.

En familias numerosas se ven varios casos que presentan esta dificultad direccional que no podría decirse es hereditaria pero sí es común que en una misma familia hayan casos con dificultades de aprendizaje no detectados y no tratados.

DIFICULTAD PARA RECORDAR SECUENCIAS

Algunas personas con trastornos de aprendizaje tienen dificultad para recordar cosas en un orden preestablecido. Desde el jardín de infantes se nota el niño que tiene dificultad para memorizar el abecedario en el orden correcto. En un segundo o tercer grado los niños pueden recordar los meses del año, pero un niño con dificultades de aprendizaje no logrará decirlos en el orden correcto. Muchos adultos que tienen este problema pueden recordar los números de un teléfono, pero lo dirán en el orden equivocado.

DESARROLLO LENTO DEL HABLA

Algunos niños con dificultades de aprendizaje aprenden a hablar más tarde que otros niños y a veces siguen hablando hasta grandes a media lengua como los bebés. O a veces "cecean" o tienen dificultades para pronunciar ciertas letras. Nos decía una señora en nuestras oficinas: "Mi hijo empezó a hablar recién a los tres años, pero desde allí no hay quien lo pare". Luego cuando el niño estaba en quinto grado la maestra le dijo a su madre que el niño no leía tan bien como debía esperarse teniendo en cuenta que era un niño muy inteligente. Este síntoma temprano de dificultad de aprendizaje que se mostró en un retraso en el habla, no fue detectado a tiempo, y como el niño finalmente comenzó a hablar se pensó que no había por qué preocuparse. Sin embargo más tarde reaparece el problema en otra forma y es la dificultad en la lectura.

DIFICULTADES PARA APRENDER LA HORA EN RELACIÓN CON EL TIEMPO

Muchas personas ya adultas se sienten avergonzadas de tener dificultad para ver la hora en un reloj de manecillas. Muchos niños al llegar a sexto o séptimo grado ya han desarrollado una gran cantidad de formas para disimular que no pueden diferenciar entre las nueve y las seis y cuarto. Muchas veces deciden no usar reloj y preguntar la hora o usar sólo los digitales. A veces la dificultad para relacionar el tiempo hace aparecer a la persona como tonta "o mentirosa". A algunos niños mayores de 5 años les cuesta diferenciar entre el antes, después, temprano y tarde. Todos tenemos naturalmente un sentido interno para medir el tiempo, y podemos calcular más o menos cuando pasó una hora y percibimos la diferencia entre 10 minutos y una hora. Las personas que tienen dificultades de aprendizaje, carecen de ese "reloj" interno y tienen problemas para percibir el paso del tiempo. Muchos llevan reloj pero se olvidan de mirarlo. Muchos niños se quejan cuando tienen que irse a la cama, pero los niños con D. A. son especialmente rebeldes. Sí los padres les dan un preaviso 5 minutos antes de la hora indicada puede ayudar mucho.

PROBLEMAS PARA EXPRESARSE

Muchos niños con D. A. muestran problemas para expresarse, tienen la idea de lo que quieren decir pero no encuentran la forma de expresarlo. A estos niños les costará defenderse en una discusión y tenderán a golpear o a reaccionar físicamente. Muchas veces cuando no pueden expresar su enojo en palabras, lo hacen a golpes. Estos niños suelen ser malinterpretados con facilidad y esto les produce gran frustración. Pueden leer un texto sin dificultad, pero les costará contestar preguntas sobre el contenido, aunque lo haya entendido. Estos niños crecen con muchos conflictos en relación a otros niños y adultos entonces es necesario tratarlos con mucha paciencia, aunque con una terapia el problema puede superarse totalmente.

POCO CONTROL DE LA MOTRICIDAD

Estos niños tropiezan con todo lo que está en su camino y a veces hasta con sus propios pies. Tienen dificultad para atajar la pelota y generalmente los dejan fuera de los equipos porque muestran poca destreza motriz. Rosario, una niña de 8 años, todavía derrama muy seguido la leche sobre la mesa, esto enoja mucho a su madre, pero a pesar de los castigos continúa haciéndolo. Rosario siente que le sucede totalmente sin quererlo y no puede controlar ciertos movimientos bruscos de sus brazos. En estos casos actividades físicas como el tenis o la natación son de gran ayuda. Muchos niños que muestran descontrol en la musculatura grande (brazos y piernas) no muestran dificultad en movimientos de precisión como utilizar la regla o dibujar o tener buena letra.

PROBLEMAS DE ATENCIÓN

Muchos niños con D. A. tienen períodos de atención muy cortos, y saltan fácilmente de una cosa a otra. No consiguen mantener la atención por mucho tiempo, se distraen con facilidad, y cualquier ruido o movimiento los "desconecta de lo que están haciendo". No consiguen sustraerse de lo que pasa a su alrededor. Los padres deben organizar para este niño un lugar silencioso y apartado del movimiento familiar para hacer sus tareas. También es conveniente que su mesa de trabajo dé a una pared y no que esté cerca de una ventana. Hay que evitar distracciones y estimularlo con juegos que desarrollen la capacidad de concentración. Las terapias dan muy buenos resultados cuando son enfocadas hacia los problemas de atención y concentración.

HIPERACTIVIDAD

Hiperactivo es el niño que no puede quedarse quieto en su asiento, no para de moverse, caminar, brincar. Este es un problema que debe tratarse antes de que origine en el niño problemas de baja autoestima debido al sentirse rechazado por los adultos. El niño se da cuenta del efecto negativo que su incapacidad para quedarse quieto produce en los adultos. La terapia en estos casos tiene resultados asombrosos.

LECTURA DEFICIENTE

"Lucy podría leer perfectamente si prestara más atención, los errores que hace son por distraída", nos dice la mamá de una niña de 9 años y realmente le resulta extraño que palabras largas y más difíciles en Inglés como "something" (algo) o "whatever" (lo que sea) las lee sin problemas y que no sea capaz de leer palabras tan fáciles como "to" (para), "when" (cuando), "out" (fuera), que son tan importantes para armar una frase coherente. Esto es muy frecuente en los niños con dificultades de aprendizaje. A los 19 años, José leía bien cuando lo hacía para sí mismo, pero en cuanto debía leer en voz alta cometía tantos errores, que el texto se hacía ininteligible. Pero él parecía tener un decodificador mental que de alguna forma lo reordenaba en su cabeza y él entendía todo lo que leía. Muchos niños con D. A. llegan a sexto o séptimo grado y nunca levantan la mano para pedir ayuda a la maestra, debido a que podría quedar en descubierto su dificultad, y con el tiempo han aprendido a esconderla para que sus compañeros no se burlen de él. Otro de los problemas es que el niño quiere escribir la palabra "la" pero se da cuenta que escribió "el", el niño se pone furioso consigo mismo. Para él es terrible no poder fiarse de su propia mano, él le ordena que escriba algo y la mano escribe otra cosa. Esto puede poner al niño muy nervioso, estalla en lágrimas, berrinches, arroja el lápiz y rompe la hoja en mil pedazos.

INCAPACIDAD PARA COPIAR

"¿Cómo se escribe 'recordando'?", pregunta el niño. El maestro lo escribe en el pizarrón y la madre se lo deletrea. A pesar de ello el niño en vez de una 'N' escribe una 'M'. "¡Lo único que tienes que hacer es copiar y no lo haces bien!", le dice su madre. El niño con D. A., aún copiando palabras, cometerá errores y de nada sirve regañarlo. El niño sufre y se avergüenza pero no consigue superar el problema. Muchos padres creen que se trata solamente de practicar y poner a sus hijos a copiar varias veces un mismo texto, pensando que esto solucionará el problema. Sin embargo la dificultad persiste y hay niños que terminan la universidad y todavía continúan copiando mal. La solución debe buscarse en las terapias especialmente diseñadas para resolver este problema.

MALA ORTOGRAFÍA

Las dificultades ortográficas son unas de las más difíciles de superar. La persona con D. A. tiene dificultad para recordar la secuencia, el orden de las letras y la forma en que se escribe una palabra. Hay personas que hasta adultas han visto cien veces la palabra escrita y no pueden recordar si es con b alta o v corta. Existen terapias específicas para superar este problema y por supuesto un buen hábito de lectura ayuda bastante.

PROBLEMAS PARA EXPRESARSE POR ESCRITO

Muchas personas con dificultades de aprendizaje pueden mantener una conversación inteligente con gran fluidez, rico vocabulario y una pronunciación clara y precisa sin embargo no consiguen expresarse por escrito. Muchos niños se quejan cuando tienen que hacer una composición "no sé qué poner". Estos niños terminan odiando el tener que escribir algo para la escuela y sienten un bloqueo mental cuando deben hacerlo. Aunque el niño sabe lo que quiere decir las ideas se le van de la mente cuando va a escribirlas.

NIÑOS HOSTILES Y AGRESIVOS

Los niños con dificultades de aprendizaje que no reciben ayuda y comprensión se vuelven hostiles, agresivos o introvertidos. Cuando un niño no puede hacer sus tareas escolares, se siente frustrado, va a encontrar otra cosa para hacer, lanzar papelitos, levantarse de la silla, tomar agua, o simplemente soñar despierto para ocupar su mente. Si el niño recibe comprensión de sus padres y una buena terapia no va a experimentar toda la rabia y el dolor causado por el fracaso ni se verá empujado a desarrollar problemas psicológicos. No tendrán que escuchar acusaciones de 'perezoso' o 'distraído'.

Capítulo 11

CÓMO PREPARAR A LOS HIJOS PARA UNA SEXUALIDAD SANA

Si la educación sexual fuese sólo la enseñanza de cómo tener relaciones sexuales, sería muy fácil para los padres eliminar o cumplir con su responsabilidad y simplemente comprándoles un libro o dejando que la escuela se haga cargo en su clase de salud ('health'). Sin embargo, **son las actitudes hacia el sexo y hacia sí mismos las que determinan la forma en que los jovencitos y jovencitas manejan el sexo.**

En realidad, lo que los padres deben enseñar son las actitudes, el respeto hacia la sexualidad y hacia uno mismo. Y este aprendizaje comienza desde que el niño es bebé. ¿Cómo se tiene una relación sexual? Técnicamente es la información menos importante y que el niño o el jovencito puede obtener en cualquier libro o con una simple conversación con sus padres.

¿POR QUÉ LA ENSEÑANZA SEXUAL ES UN PROBLEMA?

Aunque vivimos en el siglo XXI, la creencia de siglos atrás de que el sexo es malo y sucio se esconde aún en muchos de nosotros. También fuimos criados en un ambiente donde el sexo era tabú, nadie hablaba sobre ello, y menos nuestros padres, por lo tanto no tenemos experiencia de padres a hijos hablando de sexualidad. No tenemos ningún punto de referencia.

Durante los siglos XV y XVI, el sexo se consideraba pecaminoso, era aceptado sólo para la conservación de la especie. Gozar de él era obra del demonio y aún practicado entre parejas casadas sólo señalaba la bestialidad del ser humano. Para la mujer en particular, disfrutar del sexo era inmoral y sucio. El sexo era algo que todos practicaban pero en forma oculta y clandestina, cargado de represión y culpa. El hecho de que hoy el sexo recibe una atención exagerada es sólo la reacción a haberlo mantenido oculto y reprimido tantos siglos. Las conductas sociales son como un péndulo, van de un extremo al otro para luego ir encontrando el centro. Ahora el sexo, luego de haber estado oculto sale a la luz por todos lados, en la televisión, los afiches publicitarios, las revistas, el cine, el arte y la vestimenta.

El sexo sin embargo merece un lugar de respeto y debe encontrar su punto medio, no debe ocultarse ni tampoco mostrarse en forma exagerada. Debe estar relacionado con el amor, la responsabilidad y el compromiso, debe poder nutrir y enriquecer las relaciones humanas. De ninguna forma debe ser usado para controlar o tener poder sobre otros, o para autodestruirse faltándose el respeto a sí mismo. El sexo mal usado puede destruir las relaciones humanas y la autovaloración.

La forma en que el adolescente maneja sus impulsos sexuales está vinculada a todas sus experiencias con la vida y el amor desde el nacimiento.

SEXO Y AMOR

El impulso de formar pareja y procrear se creyó intuitivo durante mucho tiempo, sin embargo ahora parecen indicar que esos llamados "instintos" pueden ser producto del aprendizaje. Los monos que se criaron separados de sus madres mostraron al llegar a adultos poco o ningún interés por el apareamiento y las monas criadas en estas condiciones rechazaron sus crías.

Estas pruebas indican que el impulso y la necesidad sexual del adulto se encuentran coloreadas por el tipo de experiencias que cada uno haya tenido en su infancia respecto a la ternura, las caricias y el contacto. Para que el ser humano dé amor, primero tiene que recibirlo. Cada vez que abrazamos, mecemos, bañamos o alimentamos a nuestro bebé, le damos experiencia en recibir amor. De la forma en que se lo toque o trate dependerá de que encuentre o no placer en el contacto físico, de ello dependerá su capacidad futura de disfrutar de la intimidad. La cálida ternura y el respeto por el cuerpo del niño y sus necesidades constituyen la primera exposición del niño al amor y al contacto físico, y por consiguiente aquí comienza la educación sexual. Cuando brindamos al niño confianza, autoestima, y atención sin juicio, le estamos enseñando comunicación, intimidad y compromiso personal. Le enseñamos que abrirnos emocionalmente a personas importantes en nuestra vida es nutritivo y no es peligroso. El niño que se siente emocionalmente rechazado cuando busca contacto físico, encontrará el contacto íntimo riesgoso y cuando adulto preferirá un contacto puramente físico, al intercambio emocional y afectivo.

El contacto sexual es siempre más satisfactorio cuando se produce en un contexto de ternura, afecto y con la sensibilidad abierta a los intereses del otro. El sexo también es más satisfactorio cuando está acompañado de compromiso, confianza y seguridad. Un joven que vivió en un clima de amor, seguridad, comunicación y confianza, está más apto para tener este tipo de sentimientos acompañando a la sexualidad y le interesará menos el sexo como pura diversión.

A un niño se le reprimen las emociones al no dejarlo expresarse: "¡No llores!", "¿cómo es que te enojas con tu madre?", "no digas lo que sientes", "si te duelen mis gritos aguántatelos, te los mereces". También se le reprimen las emociones cuando el niño sufre escuchando peleas constantes entre los padres y se guarda ese dolor, o si guarda el dolor de ver a su padre abusar de su madre física o emocionalmente. Las emociones reprimidas como el dolor, pueden encontrar una válvula de escape a través de la sexualidad durante la adolescencia y el sexo se vuelve una necesidad imperiosa, un impulso incontrolable como vía de descarga de emociones reprimidas.

Muchos hombres adultos pueden usar el sexo como válvula de salida de sentimientos negativos. José, un señor de 35 años, solía "vengarse" de su esposa en momentos de mucha presión emocional llegando al orgasmo antes que ella, dejándola frustrada e iracunda. Este era un recurso tan inconsciente como poderoso para tomarse la "revancha". Cuando las parejas no enfrentan los conflictos y no hablan sobre los problemas, pretendiendo que no están o guardando los sentimientos de ira o frustración estos suelen salir durante la sexualidad. La impotencia, la frigidez, la falta de deseo sexual son generalmente síntomas de represión de sentimientos y de dificultades en la comunicación.

Cuando los padres resuelven sus problemas mediante una conversación abierta y cuando estimulan al niño a dar salida a sus emociones, le están dando una educación sexual positiva. Ese niño no usará el sexo más adelante como válvula de escape a sus emociones reprimidas, porque podrá expresarse libremente mediante la palabra.

IDENTIFICACIÓN CON EL SEXO Y SU ROL

Nada es más desbastador para un niño que creer que su sexo es menos o lleva las de perder. El sentir que ser niña, o varón, lo hace sentirse menos, destruye su auto respeto, ya que él o ella nada pueden hacer para cambiar la situación.

El señor Martínez estaba seguro que su primer hijo sería varón y pasaba horas planeando las actividades que harían juntos. Cuando el ansiado bebé nació, resultó ser una niña. Aunque le pusieron el nombre de Mariana, el padre la llamaba "mi muchachito". Mariana nunca se sintió bien consigo misma. Sentía que había defraudado a su padre siendo mujer. Ella comenzó a adoptar posturas y actitudes masculinas (inconscientemente para agradar a su padre). La falta de identificación con el rol femenino la fue llevando a sentirse mejor jugando con varones. Mariana llegó a la adolescencia más identificada con su padre que con su madre. Con el despertar de la sexualidad comenzó a sentirse atraída por niñas, y ya al poco tiempo se aceptó a sí misma como lesbiana. Cuando uno resiente el sexo de su hijo, debe buscar las causas en su interior y tomar medidas activas para corregir el rechazo, de lo contrario el niño se sentirá incómodo con su propio sexo. Es importante que los padres no tengan actitudes de preferencia hacia el varón o la niña, porque esto puede afectar mucho la autoestima y el auto respeto del niño que se siente rechazado.

ACTITUDES HACIA EL SEXO

Un niño que ha sido excesivamente dominado y controlado por su madre, usará la sexualidad para controlar a las mujeres, como una forma de "revancha". Ese niño cuando adulto transformará el sexo en algo más parecido a una violación que a una relación placentera para ambos. Mujer significa para él "algo que debo aplastar y dominar antes de que me controle".

Muchas jovencitas buscan el sexo como una forma de obtener afecto. Tienen relaciones con distintos muchachos buscando ese afecto y amor que les faltó de niñas. Si el padre ha sido excesivamente dominador y controlador, es probable que la joven adopte una actitud de manejar y controlar a los hombres como una forma de no permitirles que sean ellos los que la dominen como su padre. Cuando las necesidades afectivas y materiales de una niña no han sido satisfechas por su padre es probable que use el sexo como una forma de obtener el afecto y lo material que le faltó cuando niña. "Me entrego sexualmente a cambio de afecto y seguridad material". El sexo se transforma en el medio de obtener lo que necesita.

Cuando el sexo es tabú y de "eso no se habla", el niño o la niña satisfacen su curiosidad natural obteniendo información con amigos o compañeros, en revistas pornográficas o videos que sólo logran "deformar" la idea de una sexualidad sana. No podemos ignorar la sexualidad en una sociedad que nos bombardea con sensaciones sexuales. Si los padres tienen problema para abordar el tema con sus hijos, una buena ayuda es buscar libros o videos en la biblioteca y ayudarse con ellos para iniciar el tema.

A veces es difícil comenzar a hablar de sexualidad con un adolescente cuando nunca se ha hablado antes. Las conversaciones deben comenzar a los tres o cuatro años, cuando los niños comienzan a preguntar cómo nacen los bebés. Esto es una pregunta normal a esa edad ya que el despertar sexual en el ser humano comienza alrededor de los tres años. El niño se interesa por la diferencia genital entre él y las niñas y viceversa. En esta edad, cuando aparecen los juegos del doctor, de la enfermera, etc., donde los niños indagan y quieren verse unos a otros, ésta es una curiosidad normal que si es bien llevada por los adultos, y las preguntas son contestadas, el niño quedará satisfecho y no volverá a insistir sobre el tema. Si se observa excesivo interés o masturbación frecuente es necesario consultar con un profesional.

Si las preguntas sobre sexualidad son respondidas con naturalidad, como si se hablara de cualquier otro tema, el niño sentirá confianza de seguir preguntando cada vez que le aparezca alguna curiosidad. Pero si a las primeras preguntas se encuentra con evasivas como "pregúntale a tu padre", "eres muy pequeño para saber sobre eso" o "cuando seas grande lo sabrás", el niño dejará de preguntar y la curiosidad será satisfecha por otro lado.

Si a las primeras preguntas, uno muestra incomodidad, enojo o lo toma a risa, también el niño entenderá que no tiene que preguntar. Según las estadísticas las niñas y niños que reciben buena información sexual en el hogar, comienzan a tener relaciones sexuales más tarde; no comienzan tan jóvenes movidos por la curiosidad. Las niñas adolescentes que tienen falta de afecto y comunicación con sus padres, buscarán balancear esa falta con relaciones afectivas y sexuales que les produzcan la cercanía e intimidad emocional que les falta.

Los seres humanos vivimos compensando y cuando nos falta algo buscamos compensarlo con otra cosa. ¿Por qué podemos hablar de tantas cosas y de la sexualidad que forma parte de la vida de todos nosotros nos cuesta tanto? Hemos aprendido que es malo, sucio, culposo. Pero si seguimos atados a ese aprendizaje en esta época de la humanidad, pondremos en serio riesgo la seguridad, la salud y el equilibrio de nuestros hijos. Los niños que son abusados sexualmente, generalmente es hecho por algún miembro de la familia, vecino o amigo. El niño comienza aceptando caricias peligrosas porque nadie nunca le dijo que ese tipo de caricias no se aceptan de nadie. Generalmente, lo oculta por miedo, porque es algo de lo que no se habla.

La mayoría de los niños que son abusados sexualmente no tienen información sexual ni tienen comunicación con sus padres sobre el tema. **Hablar con sus hijos sobre sexualidad es la mejor forma de protegerlos.**

Capítulo 12

¿QUÉ HACER CON UN NIÑO ZURDO?

Vivimos en una civilización que le da gran valor a la mano derecha. Fue ella la que sostuvo la espada durante la Edad Media. Se extiende la mano derecha para saludar, ser diestro (derecho) significa ser hábil, honrado, leal, fuerte, viril. Ser siniestro (izquierdo) equivale a ser perverso, débil, funesto, escurridizo. Los indios utilizan la mano derecha para la alimentación y la izquierda para las tareas impuras. En la Capilla Sixtina de El Vaticano se ve que Cristo asigna el lado derecho a los justos y el izquierdo a los pecadores. Así, durante siglos, el lado derecho ha sido conectado con lo bueno y el izquierdo con lo malo. Hasta en el lenguaje político, de occidente, los demócratas de la derecha son los buenos y los comunistas de la izquierda son los malos.

Nosotros crecimos con estas ideas de lo bueno y lo malo, y cuando nos nace un hijo o hija que comienza a manifestar tendencias a usar la mano izquierda, sin pensarlo comenzamos a indicarle que use la derecha, a veces con presión y con una actitud intolerante. "Todo en la vida está hecho para los diestros", dicen algunos padres, "basta pensar en los automóviles (excepto para los ingleses) las guitarras, las máquinas de escribir, las hoces y otros elementos para el trabajo en el campo".

Gracias a los progresos en la psicología, desde hace unos años hay una comprensión mayor sobre esta situación y ya no se trata de cambiar al niño zurdo. Hoy en día es evidente para todo el mundo que las personas que usan la mano izquierda pueden realizar perfectamente cualquier actividad, incluso usando elementos preparados para los diestros. Algunas personas usan la mano derecha sólo para ciertas actividades y para el resto usan la izquierda. Se sabe que no existe ninguna razón válida para forzar a un niño a cambiar su lado de preferencia.

Hay niños pequeños que siempre toman los juguetes con la misma mano, y hacia los cuatro años utilizan la mano preferencial con una certeza y habilidad casi absoluta. Pueden usar las tijeras con facilidad aun siendo zurdos. Los individuos ambidiestros (que usan las dos manos con la misma destreza) son bastante numerosos, y es en el aprendizaje de la escritura donde se ven obligados a hacer su elección: ¿con qué mano van a escribir? Algunas personas escriben con la mano derecha, pero usan la izquierda para dibujar, pintar o usar la raqueta de tenis.

Esta situación es muy simple si los adultos no intervienen presionando al niño a que use la mano derecha. Muchas veces los padres siguen criterios de conformidad social y a veces ejercen presión con métodos autoritarios que en algunos casos avergüenzan al niño. Al exigirle que use la mano derecha se corre el riesgo de perturbarle la motricidad manual, también se le está haciendo sentir al niño que su propia naturaleza está equivocada y esto daña su autoestima y su autovaloración.

Cuando un niño es zurdo, es indicativo de que tiene más preponderancia el lado derecho del cerebro. El lóbulo derecho rige el lado izquierdo del cuerpo. Esta es la parte cerebral de donde procede la creatividad, la emoción, la intuición, el sentido artístico y estético. Mientras que el lóbulo izquierdo del cerebro, que rige la parte derecha del cuerpo, es el que se ocupa de la lógica, las matemáticas y el lenguaje. Por lo tanto, un niño que usa más la mano izquierda será más intuitivo, sentimental, y creativo. Le gustarán las artes, será bueno para el dibujo o la música y tendrá una gran imaginación creadora. Si le inhibimos el usar la mano izquierda, estamos afectando estas capacidades innatas del niño.

El niño zurdo tendrá más dificultad para las matemáticas, y para lo que le exija un pensamiento riguroso. Esto no quiere decir que el niño no pueda adquirir destreza en estas áreas, pero requerirá mayor atención de sus padres y maestros. Los padres de niños que muestran dificultades en el aprendizaje de las matemáticas y la lecto-escritura, deben buscar información sobre este tema, ya que ellos pueden ayudar a sus hijos en estas áreas.

Hay varias actividades que los padres pueden hacer con sus hijos para estimular el lado izquierdo del cerebro y así facilitar el proceso de aprendizaje de las matemáticas, las ciencias y la lecto-escritura.

Por ejemplo, una madre hablando de su hijo de seis años que está comenzando a escribir me decía: "Tiende a tomar el lápiz con la mano izquierda, pero estoy absolutamente segura que es diestro, nunca ha habido un zurdo en nuestra familia ni en la de mi esposo, y veo que la maestra no presta atención a esto". El niño es pequeño, de escasa estatura, tímido, no dice una sola palabra. Cuando se le toman los exámenes de evaluación, se observa que el niño efectivamente es zurdo. El niño se mostraba muy ansioso por tratar de escribir con la mano derecha y un poco avergonzado dice: "Mi mano izquierda es mala porque todo lo quiere hacer, y mi mano derecha también es mala porque no puede hacer las cosas bien".

Este niño se ve atrapado entre una madre que considera que ser zurdo es anormal y malo y una maestra que no le presta atención al tema. ¿A quién obedecer? ¿Qué mano elegir? ¿Quién de los dos está correcto? El niño se siente angustiado, avergonzado y piensa que él tiene algo malo que no puede controlar. Esto lo hace tímido, se avergüenza de sí mismo frente a los demás. Se siente inseguro y con pobre auto valoración. Esta situación lo llevará a crecer con una baja autoestima, con todas las consecuencias que ello trae: falta de determinación, inseguridad, tendencia a no esforzarse para obtener logros, etc.

Antiguamente los maestros solían obligar a los niños a escribir con la mano derecha, y hasta no hace mucho era común golpearle la mano izquierda con una regla o mantenerla debajo del escritorio, pero hoy ya se sabe que es contraproducente y que lo mejor es respetar las tendencias naturales del niño. Es importante saber que un niño que usa la mano izquierda puede triunfar muy bien en la vida y acomodarse a ciertas actividades usando la mano derecha.

ALGUNOS NIÑOS USAN LA MANO IZQUIERDA
SÓLO PORQUE COPIAN

Eric, de casi cuatro años le ha pedido a su madre que le enseñe a escribir su nombre. Ella dibuja las letras en un papel y el niño las copia. Unos días más tarde, la madre ve a Eric tomar el lápiz con la mano izquierda cuando antes lo hacía con la derecha. Cuando la madre le hace notar este cambio de mano, el niño se niega diciendo: "Quiero hacerlo como papá". En efecto, su madre es diestra, mientras que su padre es zurdo. Eric ha deducido que los hombres son zurdos y las mujeres diestras, y a su madre le cuesta hacerle entender que la diferencia no está vinculada al sexo.

Este tipo de deducción es muy corriente en niños de cuatro años debido a que están en la edad en que imitar a su padre como una forma de identificarse con él, y el niño va adquiriendo la conciencia de que es varón igual que su papá. En este caso, es probable que el escribir con la mano izquierda sea pasajero, ya que si el niño es diestro, tarde o temprano se dará cuenta que se le hace más fácil y cómodo usar la mano derecha.

Los niños zurdos suelen llegar a ser artistas, diseñadores, acto-res, músicos o exitosos hombres y mujeres de negocios que usan su intuición para tomar sus decisiones.

Capítulo 13

CÓMO AYUDAR A LOS NIÑOS A SENTIRSE SEGUROS DE SÍ MISMOS

Marito está fuera de sí, y su madre le ordena: "vete a tu cuarto hasta que estés más tratable". De este modo, su mamá le permite ser dueño de su irritación, darse cuenta cómo se siente, pero le dice claramente que no quiere hablar con él en ese estado.

Las emociones negativas producen muchas tensiones dentro de la familia, pero si la madre se "engancha" y le contesta a Marito con otro grito comienza una batalla de palabras que van subiendo de tono, sobre todo con un niño preadolescente o adolescente, que se irrita o se molesta fácilmente por cualquier pequeña situación.

Es muy importante reconocer que el niño tiene emociones, que a veces puede estar nervioso, confundido, irritado y necesita ser comprendido, contenido, aceptado. Pensemos en nosotros mismos, cuando expresamos un sentimiento o cuando lo compartimos con alguien. Necesitamos que se nos entienda, no que se nos diga que no deberíamos sentir lo que sentimos. Cuando nos sentimos comprendidos, nos sentimos seguros y estimulados para hablar. Por ejemplo, si estamos preocupados porque nuestro hijo está enfermo y le confiamos a una amiga nuestra desazón y ella nos responde: "no te preocupes, no es nada, todos los niños se enferman", difícilmente nos sentimos comprendidos. En vez de sentirnos más aliviados, seguramente pensaremos: "como ella no tiene hijos no sabe como se siente una madre, no volveré a contarle mis preocupaciones, ella no me entiende". En cambio si nuestra amiga nos dice cálidamente: "que mal momento estás pasando, llévalo a otro médico, busca una segunda opinión, no te quedes con la preocupación. **Sé como te sientes y los miedos que seguro aparecen en tu mente**".

Estas palabras nos indican que esta amiga comprende como nos sentimos. Cuando uno expresa sus sentimientos, preocupaciones o temores, espera ser comprendido, aliviado, no juzgado o que nos digan que lo que uno siente no tiene razón de ser. Tampoco es bueno que le digan que uno debería sentirse de otra manera. **La comprensión de otros nos da consuelo y seguridad.**

Es muy importante no confundir la comprensión con piedad. Si la otra persona nos dice "¡oh! pobrecita" no nos está comprendiendo, sino que la expresión de nuestros sentimientos produce lástima, y la lástima de otros no nos ayuda ni nos da seguridad. Existe una palabra para denominar la comprensión que todos anhelamos y esa palabra es EMPATÍA.

No debemos confundir **empatía** con **simpatía**. La empatía consiste en que nos comprendan desde nuestro punto de vista, "que por un instante se pongan en nuestro lugar". Significa que la otra persona ha penetrado en nuestro mundo y comparte lo que sentimos. Esa persona abandona momentáneamente su propio punto de vista para "estar con nosotros".

ATENDER AL LENGUAJE CORPORAL

Para ser empático no sólo es importante escuchar las palabras, sino prestar atención al lenguaje corporal. Cuando Carlitos llega cabizbajo a la sala y nos dice en tono de desaliento "ya terminé mi tarea de matemáticas", sus palabras nos dicen que la tarea está terminada, pero el tono de su voz y la postura de su cuerpo nos muestran que siente desaliento, desaprobación. Si el padre le responde como un "loro" sin dejar de mirar la pantalla del televisor, "que bien, terminaste tu tarea", el niño se sentirá oído a un nivel pero no totalmente comprendido. Sus sentimientos con respecto a la tarea son más importantes que el haberla hecho. Sin embargo su padre pasó por alto sus sentimientos. Si por el contrario el padre presta atención al mensaje total de su hijo, a lo que la expresión de su cuerpo está mostrando le dirá: "terminaste tu tarea pero no te veo satisfecho, acércate y dime por qué".

El padre está siendo empático; está comprendiendo la totalidad de lo que siente su hijo y está dispuesto a escucharlo. El niño se sentirá apoyado, comprendido y le dará seguridad, así como confianza para expresar lo que siente. Cuando uno es empático, simplemente trata de sentir como está sintiendo el niño, no lo juzga, no lo critica, no le dice: "no debes sentir eso", simplemente comparte, escucha, entiende y luego de esto trata de orientar o decir algo que ayude al niño a resolver el sentimiento que tiene.

Para que una persona obtenga seguridad y respeto por sí mismo necesita que sus sentimientos se acepten y se comprendan y no que sean invalidados. No se puede conocer a un niño sin comprender lo que ocurre dentro de él, sin penetrar en su mundo íntimo. Quien cierra la puerta a los sentimientos corta la vida y el crecimiento, produce inseguridad y falta de auto confianza en el otro. Es necesario enseñarle al niño que no todos los sentimientos deben llevarse a la acción. Algunos deben ser expresados y compartidos y así puede uno liberarse de ellos.

Ana María, de tres años, llega llorando hasta su madre porque la asustó el ruido de un avión.

RESPUESTA TÍPICA

"Es nada más que el ruido de un avión, no deberías asustarte". El mensaje de su madre es "no tengas ese sentimiento de miedo no hay porque asustarse de los ruidos de los aeroplanos". La madre trata de eliminar el miedo mediante una explicación lógica. Sin embargo los sonidos fuertes y repentinos suelen atemorizar a los niños pequeños. En el momento en que las emociones son intensas, la lógica no sirve para calmar al niño.

RESPUESTA EMPÁTICA

"Oh!", Dice la madre mientras abraza a su hija, "qué ruido terrible, entiendo que tengas miedo". En ese momento la mamá de la niña se introduce en el mundo de su hija y acepta que tenga miedo. La niña percibe que su mamá sabe cómo se siente, la abraza, se siente protegida y calmada. Es entonces cuando puede entrar la lógica.

⌐La empatía consiste en oír con el corazón no con el cerebro. No sólo las palabras indican que estamos entrando en el mundo del otro, sino el tono de voz, las actitudes físicas y sobre todo la sinceridad que transmitimos.⌐

¿POR QUÉ NO PODEMOS SER EMPÁTICOS CON NUESTROS HIJOS?

Para que una madre o un padre puedan entrar en el mundo interior de su hijo debe estar con una relativa paz interior. Si está cargado de conflictos o emociones intensas, apenas puede consigo mismo. Un padre de dos niños gemelos nos dice: "apenas puedo oír a mis hijos, cuando llego a casa me siento cansado del ruido de la fábrica y de la calle. No puedo dejar de pensar en las cuentas que debo pagar y para colmo tengo que escuchar las quejas de mi esposa. Sólo quiero dormir y hasta las voces de los niños me irritan". Marta, una madre de una niña de ocho años, nos dice: "me siento deprimida, los problemas con mi esposo están cada vez peor, ya no tengo fuerzas para luchar. Me siento desconectada de todo y de todos. Sólo deseo encerrarme en mi cuarto y llorar. Pero no puedo, debo darle de comer a mi hija y ocuparme de las cosas de la casa. Todo lo hago como un robot. Cuando la niña me pide algo, me molesta, a veces ella habla y yo no la escucho, no consigo estar presente".

Esta mamá que sufre de depresiones, no puede escuchar, ser empática con su hija. Ocurre muy a menudo que en vez de tratar de comprender a nuestros hijos, discutimos o ejercemos presión para que ellos reaccionen como lo haríamos nosotros. Ellos poseen su forma propia de organizar sus experiencias y eso debe respetarse. Muchas personas no toleran las diferencias y pretenden que todos reaccionen igual que ellos.

Si tenemos miedo a ponernos en contacto con las emociones, tampoco podemos ser empáticos. Si en vez de aceptar y escuchar los sentimientos de los otros como realidades, los rechazamos como papas calientes, no podremos ser empáticos. Si nos abrimos a nuestros propios sentimientos sin juzgarlos estaremos en mejores condiciones de aceptar los sentimientos de otros sin juzgarlos.

BENEFICIOS DE LA EMPATÍA

La empatía es una poderosa prueba de interés. Cuando dejamos temporalmente de lado nuestras ideas y puntos de vista para estar con nuestros hijos, les demostramos respeto y consideración, que ellos son alguien importante. "La forma en que tú ves las cosas es importante para mí. Estar contigo en tus sentimientos vale mi tiempo y mi esfuerzo, quiero comprender como eres tú, porque me interesas". Este es el mensaje que se les da a los hijos cada vez que somos empáticos con ellos. Sus hijos crecerán con una gran seguridad en sí mismos, se sentirán valorizados, tendrán una buena autoestima y sobre todo aprenderán esta forma de ser con los demás. Serán niños y jóvenes comprensivos, respetuosos y considerados. Cuando un niño siente que no será comprendido o respetado en su punto de vista, deja de hablar, se rompe la comunicación y los hijos crecen siendo verdaderos extraños para sus padres.

Capítulo 14

CONSECUENCIAS DE LA FALTA
DE AFECTO EN LA NIÑEZ

Es tan importante la forma en que nos relacionamos con nuestros hijos, que afecta toda la vida futura de ellos. Sobre todo en el área emocional, es necesario comprender que así como nos relacionamos con ellos es como ellos se relacionarán emocionalmente cuando sean adultos.

José, un joven de 28 años, vino a nuestra consulta buscando terapia. Él dijo que estaba cansado de entablar relaciones con distintas mujeres y con ninguna duraba más de seis meses. El patrón era siempre el mismo: al empezar una relación, José se sentía entusiasmado y lleno de esperanza, y pensaba, "ésta es la mujer que tanto estuve esperando". Luego de esa fuerte atracción inicial, inevitablemente él terminaba la relación.

José: "Cuando conocí a María Rosa sabía que esta vez
sería diferente, pero a las pocas semanas comencé a
sentirme aburrido, insatisfecho, y todo lo que ella hacía
me irritaba".

Psicóloga: "¿Qué hacía María Rosa que tanto te irritaba?"

José: "Todo, ella no devolvía mis llamadas rápidamente.
Hablaba demasiado cuando estábamos con otra gente;
hablaba muy seguido con una amiga que no me gustaba. Para mi cumpleaños me dio un regalo barato. Yo
sé que ella me amaba, pero no era suficiente, yo necesitaba más".

Al principio, José estaba lleno de emoción cada vez que iba
a verla pero gradualmente iba molestándose por las cosas que
ella hacía hasta que la relación terminó igual que las anteriores.

Andrés, de 32 años, se enamora siempre de mujeres que son
inalcanzables.

Andrés: "Siempre me pasa lo mismo, entablo relaciones
que por alguna razón no pueden seguir. Carla estaba
casada, Marta y Betty tenían novios por más de 8 años
y no pensaban dejarlos. María vivía en otro estado y
estaba muy entregada a su trabajo. Ester acababa de terminar una relación muy dolorosa y no estaba lista para
comenzar con otra; la cuarta vez que nos vimos me dijo
que debíamos dejar de vernos".

Andrés siempre se enamoraba de mujeres parecidas, eran distantes, preocupadas por otras cosas y centradas en sí mismas. Él dice que cuando conocía una mujer cálida y afectuosa, no le interesaba. El tipo de mujeres que Andrés atraía a su vida estaban siempre interesadas en ser el centro de atracción y les gustaba que él fuera atento y preocupado. Ellas se gratificaban con esto, pero no estaban interesadas en tener una relación seria. Ellas esperaban más de lo que daban. Finalmente, él, entre éxtasis y agonías, rabia y frustración terminaba la relación. Andrés caía en una gran depresión hasta que volvía a enamorarse.

Marisa de 42 años, da mucho emocionalmente pero está casada con un hombre que no puede llenarla; él es frío y distante.

Marisa se casó hace 11 años y tiene una niña de 9. Es una madre afectuosa y emocionalmente muy nutriente. Su esposo es un ejecutivo que se dedica mucho a su trabajo y vuelve tarde a la casa, cansado y de mal humor. Generalmente llega y se encierra en el cuarto con la computadora a terminar trabajos. Él no participa en la casa con su esposa e hija. En muy raras ocasiones salen juntos. Casi siempre Marisa sale con su hija y está siempre ocupada ayudándola con las tareas de la escuela, o llevándola a la biblioteca o a sus clases de ballet. Toda la vida de Marisa gira alrededor de su hija.

Marisa: "Mi esposo es frío como el hielo, todo lo enoja. Me siento sola; él no me escucha. No le interesa lo que siento o me preocupa. Siempre pensé que algún día iba a cambiar".

Todas estas personas sufren de carencia emocional, se sienten insatisfechas. La carencia emocional hace que una persona sienta que nada las llena, que nadie las escucha o les importa lo que les pasa. Sienten que siempre algo les falta. Esto comienza mucho antes de la pareja, comienza en la temprana infancia, cuando un niño siente que "no hay nadie allí para él".

José, durante la primera sesión de terapia, dijo: "Me siento solo, desconectado de todos. No me siento cerca de nadie, ni de mi familia, ni de mis amigos, ni realmente de las mujeres que estuvieron en mi vida".

Algunas personas con carencia emocional tienen la tendencia a exigir demasiado, a esperar demasiado de las otras personas. Son insaciables y no importa cuanto les den siempre están insatisfechas. Otras buscan para compartir su vida a alguien que "saben" no podrá darle lo que necesitan, como el caso de Marisa.

En el caso de José, María Rosa estuvo tres días preparando su fiesta de cumpleaños y ella misma le preparó la torta; sin embargo, José sólo reparó en que el regalo no era tan costoso como él esperaba.

Andrés sólo se sentía atraído por mujeres que por una u otra razón no podían darle lo que él necesitaba, ya sea porque estaban casadas, o vivían lejos. Lo que tenían en común es que eran bellas mujeres pero muy centradas en sí mismas y en sus propias satisfacciones. No podían ser sensibles a las necesidades de Andrés.

¿CÓMO SE ORIGINA LA CARENCIA EMOCIONAL?

Generalmente la carencia emocional se origina en la figura maternal del niño. Es la madre la que figura en el centro del mundo del niño. Esta primera relación se transforma en el prototipo de todas las relaciones importantes que seguirán durante su vida. Todas las relaciones de pareja serán de acuerdo a como ha quedado estampada la primera relación que es con la madre o quien cumpla ese rol.

Un niño con carencia emocional recibe menos de lo que necesita para estar bien nutrido emocionalmente. Se da en muchos casos cuando son muchos hermanos o la madre trabaja y llega cansada y no puede "dar" nada. También sucede cuando la madre sufre de depresión y está muchas horas durmiendo o mirando televisión, cualquier situación que haga sentir al niño "mi madre no está aquí para mí".

COMIENZO DE LA CARENCIA EMOCIONAL

- Cuando la madre es fría, distante, poco afectuosa.
- Cuando el niño no se siente amado y valorado y no se siente que es único y especial.
- Cuando la madre no le dedica tiempo ni atención especial.
- Cuando la madre no está atenta a las necesidades físicas y emocionales del niño.
- Cuando la madre abandona al niño y lo deja al cuidado de otros familiares por largo tiempo.

José sufrió muchas carencias de niño. Su madre quedó embarazada a los 15 años. Su padre era mayor, ya casado y nunca lo reconoció como su hijo. Su madre tuvo muchas relaciones con diferentes hombres buscando el apoyo que necesitaba, para ello les prodigaba todo su tiempo y atención.

José: "Cuando mi madre volvía de trabajar, siempre estaba ocupada en arreglarse para salir nuevamente. Cuando yo le reclamaba tiempo, me decía que me ocupe de mis tareas y de comer bien, que ella estaba muy ocupada".

Para Marisa la carencia no era tan visible. Su madre estaba mucho con ella, pero en vez de verla como una persona con propias necesidades, veía a Marisa como una "extensión de ella", como un objeto para su propia gratificación. Quería que Marisa hiciera todo lo que ella no había alcanzado en la vida.

Marisa: "Mi madre me llevaba de compras y me vestía como una muñeca. Pero en cuanto volvíamos me ignoraba, yo ya no era importante. Era como un objeto para mostrar, para que ella se sintiera orgullosa".

La vida de Marisa era enteramente para satisfacer los deseos de su madre. Y aún ya adulta continuaba atrapada en ese circuito. Se casó con un hombre rico como su madre deseaba, pero no tenía ninguna felicidad en su matrimonio.

Andrés, quien siempre se enamoraba de mujeres inalcanzables o no disponibles, tuvo todo lo que necesitaba materialmente, juguetes, ropa y las mejores escuelas. Pero había una gran carencia en su vida. Su madre era una famosa locutora de televisión. Ella estaba totalmente dedicada a su profesión. Poco tiempo estaba en casa, pero muy atenta a los nuevos programas de televisión o a las nuevas figuras que aparecían. Hacía gimnasia todos los días y dedicaba largas horas a su arreglo personal. A ella le costaba mostrar afecto por su hijo a pesar de que lo amaba más que a nadie en el mundo. Andrés creció sin la nutrición emocional de su madre, siempre haciendo cosas para llamar su atención, pero sin resultados. Ella siempre ocupada en otras cosas. Ya de adulto él se volvía exigente con las mujeres, y buscaba afecto en aquellas que no podían dárselo. Él estaba atrapado en la misma situación de su infancia.

La carencia de afecto produce en el niño y luego en el adulto la sensación de que "algo falta" y nunca se sienten satisfechos con lo que tienen. Muchas personas con carencia emocional dicen: "yo tuve una infancia normal, mis padres me dieron todo lo que necesitaba".

Generalmente es difícil detectar cuando falta lo emocional, aunque algunas personas recuerdan sentirse solos y necesitados de atención y cariño cuando eran pequeños.

Agregar alguna sugerencia de cómo evitar que el niño crezca sintiendo falta de cariño.

Es muy importante que los padres "escuchen" a sus hijos aunque crean que es algo sin importancia. Dejar de mirar televisión, o dejar de hacer lo que esta haciendo para escuchar atentamente a su hijo, mirándolo a los ojos, lo hará sentir que él es importante, que usted deja otras cosas para prestarle atención. Pregúntele que siente ante diferentes situaciones, abrácelo, haga actividades con el y muéstrele que siempre puede contar con usted.

Capítulo 15

CÓMO AYUDAR A LOS HIJOS A SUPERAR LA ENVIDIA

L a mayoría de los niños sienten envidia en algún momento de su vida. Lo importante es no avergonzarlo o ridiculizarlo por tener ese sentimiento y mucho menos castigarlo. **La envidia nace de la capacidad de poder compararnos con otras personas y de desear lo que no tenemos. Este sentimiento es algo natural.** Podemos hablar de una envidia cuando los sentimientos son positivos como sentir admiración o deseos de ser como quien se admira. En cambio la envidia es negativa cuando hace daño, dificulta las relaciones sociales y transforma al niño o al adulto en alguien resentido, amargado o quien realiza acciones para dañar a quien se envidia. La diferencia entre los celos y la envidia, podríamos decir, es que mientras los celos involucran a una tercera persona la envidia es algo de dos.

También la envidia desencadena rabia por el bien ajeno. La envidia "negativa" en realidad no aparece en edad temprana, va desarrollándose a medida que la persona va creciendo y en especial en niños o adolescentes que viven muchas carencias (ya sean afectivas o materiales). La persona no está contenta con lo que tiene o con lo que es, por lo que indica una gran falta de autoestima.

CÓMO PREVENIR LA ENVIDIA

Es importante que los padres se den cuenta cuando la envidia empieza a ser un problema para el niño y comienza a ocupar el primer plano entre sus sentimientos. Si se llega a este punto puede convertirse en un rasgo duradero de la personalidad, amargar su vida y hacer conflictos y difíciles todas las relaciones con las demás personas. En cualquier momento de la vida se puede desear lo que otros tienen o lo que otros son, pero si esto se convierte en un sentimiento crónico y doloroso y lleva a querer dañar en vez de estimularnos para lograr obtener lo que vemos en otros, hemos caído en una envidia "negativa". Es muy importante para conocer los sentimientos de nuestro hijo, no sólo observarlo en sus reacciones sino dedicar tiempo a escucharlo.

Muchos padres piensan que hablándoles a sus hijos ya están estableciendo la comunicación, y no es así. Se los debe escuchar también. Si el niño es poco comunicativo o no habla mucho se lo puede estimular con preguntas. Muchos niños no saben expresar lo que sienten porque no conocen el vocabulario o las palabras adecuadas para expresar un sentimiento. Por ello es importante que nosotros les hablemos de nuestra infancia, de cómo nos sentíamos frente a ciertas situaciones y luego preguntarle "y tú, ¿qué sentiste cuando papá te dijo que no podía comprarte la computadora este año y tu primo Julián ya tiene una?".

También es importante hacerlo comprender los sentimientos de los otros con preguntas como: "¿Qué crees que siente tu hermano Andrés cuando le quitas su bicicleta?, ¿qué sentirías si él te lo hiciera a ti?" Si les ayudamos a identificar sus emociones (como la envidia) podrán manejarlas mejor. Es muy importante dedicar tiempo para conversar con los niños y escucharlos. Los niños tienden a no hablar cuando sienten que lo que dicen no es importante o no es escuchado. El mejor momento para hablar de las cosas que han sucedido y han sentido durante el día, es la hora de irse a dormir. Es un momento de relajación y de intimidad que se presta para la comunicación de los sentimientos. Y si detectamos envidia, no juzgarlos, no atacarlos o hacerlos sentir que son malos niños, o que Dios los va a castigar. Esto sólo los haría sentirse culpables pero no desaparecería la envidia. Podemos mostrarle que si su amiguita tiene ropas costosas y lindas tal vez no tiene una mamá que la escuche o una abuelita que le cocine los postres que más le gustan.

Muchas veces hay que hacer que los niños valoren las cosas que tienen y que no descarten la posibilidad de tener más adelante lo que desean. Lo que genera mucha envidia entre los hermanos o primos es la comparación. Debemos evitar decir: "Tus cuadernos son más prolijos que los de tu hermano". En vez de comparar, debemos decir: "Me gusta ver que prolijos tienes tus cuadernos". En vez de decir: "Ana es más colaboradora que tú en las tareas de la casa", debemos decirle: "Tu podrías colaborar más si quisieras".

Demostrémosle a cada niño que es especial, querido y valorado y no que es uno más del grupo de hermanos. El niño necesita sentirse único para desarrollar una buena autoestima. Dediquemos un tiempo especial para cada niño. No comprarles a todos por igual, sino a cada uno lo que necesita. Uno puede necesitar zapatos y otro un pantalón. Esto los hará sentirse individuos y no uno más entre los hermanos. Alabemos las cualidades de cada uno. No siempre al que posee la cualidad que más nos gusta. Un niño puede ser colaborador y otro muy responsable. Uno puede ser muy bueno en matemáticas y otro en los deportes. Si nosotros les damos toda la atención y el cariño que necesitan no anidarán envidias y tendrán una buena autoestima (lo que significa que creerán en sí mismos y en que pueden obtener lo que se propongan). La envidia también se aprende de los padres.

Revisemos si no tenemos este sentimiento escondido, y si es así trabajemos sobre nuestra autoestima y nuestra capacidad de superación. Será el mejor ejemplo para nuestros hijos.

Capítulo 16

CÓMO AFECTA A LOS NIÑOS EL ESTAR LEJOS DE SUS PADRES

El bebé de pocos meses no puede protestar si lo dejan con una persona extraña pero eso no le impide resentirse profundamente por la separación. El niño desde pequeño tiene una percepción global de lo que le sucede. Se da cuenta que no está en el mismo ambiente, ni en la misma cama ni oye los mismos ruidos. No lo toman en brazos de la misma manera, ni escucha la misma voz. Como el niño no posee todavía noción del tiempo, no entiende que luego mamá volverá a buscarlo y vive esta separación temporal como una desaparición total que produce profunda angustia. Esta experiencia dolorosa se muestra con llanto o cayendo enfermo. Las enfermedades de un niño generalmente son la respuesta física a una situación angustiante.

Ana María, de 26 años, deja a su hija de 5 meses en la guardería (day care) para ir a su trabajo. Todas las mañanas la deja allí a las 9 y media en perfecta salud. Una o dos veces por semana la llaman por teléfono cerca de las 11 de la mañana para decirle que su hija tiene fiebre. Ana María se ve obligada a dejar su trabajo, buscar a la niña y llevarla al hospital donde los médicos no encuentran la razón de la fiebre. Algunas veces lleva a su hija directamente a casa y a la noche la fiebre desaparece sola.

Se trata aquí de una reacción de malestar frente a la separación que se traduce en un acceso de fiebre. Con frecuencia el niño manifiesta su malestar al llegar a casa: llora, duerme mal o pierde el apetito. En este caso el niño está viviendo la angustia de la separación "con retraso". La separación se hace más y más difícil para el niño hacia los 6 u 8 meses, porque a esta edad el niño toma conciencia más clara de la ausencia de la madre, reconoce con precisión la cara de las personas, y a veces llora ante la presencia de extraños. Claro que hay diferencias individuales en los niños dependiendo del carácter que cada uno tenga. En el caso de una separación más tardía, por ejemplo, cuando el niño ya camina, es frecuente que llore y corra detrás de su madre, y si alguien viene a llevarlo o darle de comer vuelve a llorar o reacciona con rebeldía, no deja que lo toquen o no quiere comer.

Si el niño acepta la separación de su madre con una aparente calma no es necesariamente porque no le produzca angustia, sino que no la manifiesta directamente. Puede tener una "regresión", comenzar a orinarse cuando ya no lo hacía, querer tomar otra vez el biberón.

La duración del período de crisis depende del niño, de la madre y de las condiciones de la separación. No hay que alegrarse demasiado si el niño no manifiesta nada, sólo significa que no lo está expresando, lo cual es más peligroso porque los efectos se van a ver en el posterior desarrollo emocional del niño.

Mariano se separó por primera vez de su madre a los 3 meses cuando se lo llevó a la casa de una niñera (baby-sitter) para que lo cuidara mientras su madre trabajaba. A partir de allí ha cambiado tres veces de niñera y todo transcurrió sin problemas. "Se acostumbraba muy bien" dice su madre. Hoy, a los 6 años de edad, Mariano es muy tímido, no habla con sus compañeros ni juega. Tampoco le responde a la maestra, prefiere estar solo. Durante los fines de semana juega tranquilamente cerca de su madre en vez de jugar con sus primos.

Mariano no parecía estar siendo afectado por la separación en el momento, sin embargo estas experiencias afectaron su comportamiento más adelante. En realidad es mejor que lloren en el momento y no que guarden el sentimiento que más tarde se expresará en su conducta. Mariano no puede confiar en los otros porque teme entregarse y que luego lo "abandonen". Cada vez que se entregó a una niñera, finalmente ella desaparecia de su vida y esto se repitió varias veces. La única que finalmente quedó es su madre, por eso él sólo confía en ella.

CUANDO SE DEJA A LOS HIJOS EN OTROS PAÍSES

Esta es una situación bastante común en los inmigrantes que dejan a alguno o a todos sus hijos en sus países de origen y luego que están establecidos, los traen de a uno por uno. Muchas veces, los padres piensan que para los niños es mejor estar con los abuelitos o los tíos que sufriendo todas las dificultades de adaptación en este país tan diferente. Claro que desde el punto de vista de seguridad y estabilidad están mejor allá, pero emocionalmente el niño siempre se resiente. Por más que entienda las razones por las que su madre se fue, siempre se sentirá abandonado. Sentirá "hay otras cosas más importantes para mi madre que yo, por lo tanto no valgo, no soy importante".

Este sentimiento va creando una baja autoestima, un sentimiento de desvalorización sobre sí mismo. Si el niño es muy pequeño, no entenderá las razones por las que sus padres viajaron lejos. Si es más grande, entenderá las explicaciones lógicas de por qué sus padres se fueron a trabajar a otro país y lo dejaron con sus abuelos o tíos, pero entender las razones no elimina el sentimiento de abandono. Por ejemplo siendo adultos, cuando muere un ser querido, nosotros podemos entender que la muerte es inevitable, que cuando sucede nos quita para siempre al ser querido.

Pero entender todo eso no nos sirve para evitar el dolor de la pérdida. El sentimiento no desaparece con las explicaciones lógicas. Lo mismo le pasa al niño; entender por qué lo dejaron no le sirve para dejar de sentirse abandonado, dejado de lado. Es por eso que cuando luego de unos años cuando los padres finalmente traen a sus hijos a este país, se encuentran con niños rebeldes, cargados de rencor hacia sus padres. Muchas veces esta rabia no es consciente, el niño ni siquiera puede expresarlo en palabras, pero se manifiesta en su conducta. Muchas veces el sentimiento de "te haré pagar porque me abandonaste" está subyacente en una conducta rebelde, que no escucha, que no le importa satisfacer la voluntad de sus padres. Algunos niños dejan de interesarse por los estudios o hacen cosas para llamar la atención. Estas situaciones que no deben ignorarse o dejarse pasar porque el futuro del niño está en juego. Los niños que han estado un tiempo separados de sus padres tienen mayores dificultades de adaptación al mundo, muestran baja autoestima, inseguridad, falta de confianza en sí mismos, rebeldía y generalmente, hagan lo que hagan los padres por satisfacerlos o hacerlos felices es insuficiente, siempre quieren más.

¿CÓMO AYUDAR A UN NIÑO QUE ESTUVO MUCHO TIEMPO LEJOS DE SUS PADRES?

Es importante explicarle las razones que nos obligaron ha dejarlo, no como disculpa sino exponiendo la realidad tal cual sucedió. Los padres deben mostrarle afecto y cariño, sobre todo con expresiones físicas como besos, abrazos, caricias. Es como llenar un vacío de mucho tiempo. A veces se debe construir totalmente una relación entre madre e hijo o padre e hijo porque al no haber estado juntos compartiendo lo cotidiano, no se conocen mutuamente.

Para la madre o el padre su hijo es un desconocido, no participó de la primera palabra o de los primeros pasitos al caminar. La madre no lo llevó el primer día de escuela, o tal vez no estuvo allí el día de la primera menstruación de su hija. La distancia hizo que el hijo creciera aprendiendo a no necesitar de su madre y es probable que ahora que están juntos el rencor le haga pensar "ahora ya no te necesito". Este sentimiento ya pone una barrera en la comunicación.

Aprender a compartir, a comunicarse es una tarea difícil cuando han pasado mucho tiempo separados. Son como extraños y deben empezar a conocerse. A veces es una tarea difícil cuando hay sentimientos contradictorios. A veces los padres tuvieron otros hijos o trajeron a algunos antes. El que se quedó en su país sentirá celos de sus hermanos que tuvieron a sus padres más tiempo cerca. Como padres debemos comprender estos sentimientos y generar una comunicación franca donde el niño se sienta amado y comprendido.

Capítulo 17

¿QUÉ HACER CON LA IRA?

En un hogar puede haber tantas peleas y altercados que la violencia se convierte en algo cotidiano, se vive como "normal", como una forma de vivir. En vez de prevalecer la suavidad o el cariño, hay constantemente dolor, amargura, enojo, resentimiento y aunque en apariencia haya un ambiente calmo por momentos, y aunque no haya golpes físicos, hay gritos, insultos y emociones atormentadas en cada miembro de la familia.

Todos hemos leído o visto en televisión acerca del abuso físico de niños y nos repugna. Nos quedamos impresionados y casi no podemos entenderlo. Sin embargo, muchos padres o madres sienten esa misma ira que sin llegar a situaciones extremas puede producir daños irreparables en los niños. Con frecuencia la cólera los toma por sorpresa, se apodera de ellos y estallan con una fuerza que supera todas las defensas que han construido para contener el enojo. Luego se sienten tan atemorizados por su propia ira como lo están sus hijos. También sienten vergüenza y luego por la noche se acercan a contemplar a sus hijos mientras duermen, suspiran, pronuncian inútiles palabras de disculpa y se inclinan besando en vano la suave mejilla del niño dormido. Sólo estos padres y madres conocen la frustración que implica tener sentimientos tan opuestos como la ternura y la ira. "¿Cómo puede ser?" Se preguntan de pie ante la cama del niño, "que haya sentido y hecho lo que hice". De esta manera a la ira y la ternura se agrega la culpa.

Lourdes es una mujer dulce y sencilla de treinta y cinco años que vino a verme a causa de sus estallidos de cólera hacia Carolina, su segunda hija de apenas siete meses. Retorcía el pañuelo mientras hablaba, se notaba el sentimiento de culpa y de desesperación a la vez.

"Casi a diario grito y golpeo mucho a Carolina, desde que nació ha tenido cólicos y hemos perdido muchas horas de sueño por eso. Ya no puedo soportar oírla llorar. Cuando la levanto se calla, pero en cuanto la dejo en la cuna empieza otra vez. Mi esposo nunca me ayuda, simplemente se queda sentado y me dice que haga callar a la niña. A veces estoy cocinando, mi otra hija de dos años se mete en todas partes, toca todo y Carolina llora. No puedo más".

"¿Es entonces cuando golpeas a Carolina?"

"Sí".

"¿Cuánto le pegas?"

"A veces la sacudo muy fuerte, una o dos veces he llegado a arrojarla sobre la cuna, nunca al suelo, y a veces la golpeo hasta que siento que me calmo. Luego siento tanta culpa, me siento mal, es tan pequeña e indefensa. Le pido a Dios que me perdone, que me ayude a resolver esto. He ido a varios predicadores que me dijeron haber expulsado los demonios, pero me mejoro dos o tres días y luego vuelvo a lo mismo".

Lourdes comenzó una terapia donde se vio claramente el origen de su ira en su infancia con su padre alcohólico que golpeaba a su madre. Lourdes debía guardarse toda la cólera que esto le producía. Con todas las emociones que se guardan y se van acumulando, sólo bastan situaciones que actúen como detonantes para que esa ira salga desbordada como el agua de un dique cuando se saca la compuerta que retiene el agua. La terapia ayudó a Lourdes a controlarse, a estar en calma. También, mejoraron mucho las relaciones con su esposo quien ahora toma parte activa en la disciplina de las niñas. Ellos aprendieron a ponerles límites y a evitar que Carolina los manipule llorando cada vez que la dejan en la cuna.

VIOLENCIA VERBAL

Los padres expresan su cólera de muchas formas, los gritos, los insultos, las críticas, las puertas cerradas violentamente o el cambio repentino de idea de llevar a los niños al parque.

Mientras más se esfuerzan por reprimir sus estallidos, más violentos resultan y el remordimiento se vuelve peor. La infidelidad, el estrés, el alcoholismo y las drogas tienen su propio aguijón. Algunos padres para no darse cuenta cómo dañan sus estallidos de ira, buscan siempre una excusa válida. "Es que no me obedece, es que si no le grito hace lo que quiere". etc.

Si un niño no obedece no es el niño el que tiene el problema, es que el padre no está usando una forma apropiada y debe cambiar la forma de disciplinarlo.

Si el niño no obedece debemos buscar formas para que lo haga sin dañarlo ni agredirlo, para eso hay talleres o libros que brindan herramientas para que los padres puedan poner límites en forma efectiva.

"Hay días que desde que me despierto", contaba un padre, "me prometo a mí mismo que no dejaré escapar de mis labios una sola palabra áspera. Pero al medio día ya me desbordo gritando palabras abusivas, y esto sucede una y otra vez".

No todos los padres se afligen por estos hechos, algunos destruyen a sus hijos sin ningún remordimiento y otros sufren tanto que preferirían herirse a sí mismos y no a sus hijos. Una madre me decía: "No puedo soportar la forma en que me mira, asustada y dolida, esa mirada me lastima pero lo vuelvo a hacer una y otra vez, amo a mi hija y no quiero provocarle ese miedo, pero no consigo controlarme". La ira provoca dolor y puede herir innecesariamente a alguien a quien amamos y a la vez va destruyendo la relación y la confianza entre los miembros de la familia. La ira es como una mala hierba que una vez sembrada va creciendo en todos los miembros de la familia porque los hábitos de enojo se aprenden por imitación.

Luís ha aprendido a tener estallidos de cólera cuando las cosas no son como el quiere, rompe sus cuadernos y tira los juguetes contra la pared. "Es igual a su padre", nos dice la madre de Luís, "Se enfurece cuando las cosas no son como él quiere".

La ira responde a muchas causas y debe ser tratada en psicoterapia. Podemos mencionar algunos tipos de ira:

LA IRA DESPLAZADA

Se dirige hacia una persona aunque esa persona no sea la causa real. Una mujer enojada con su jefe, quizás no diga nada mientras esté en la oficina, pero luego descargará el enojo con su esposo o sus hijos. Un hombre furioso con su esposa quizás patee la puerta o el perro. Muchas veces el enojo descargado en los niños no tiene nada que ver con ellos mismos.

LA IRA ACUMULADA

Generalmente se apodera de las personas que no saben expresar claramente sus deseos y sentimientos. Desarrollan el hábito de dejar que la frustración vaya creciendo hasta el punto que ya no la pueden controlar. A ese punto un incidente trivial produce el estallido. De la misma forma los padres que no logran ser firmes con sus hijos, terminan alternando entre estallidos de cólera y dejarlos hacer lo que quieren.

LA IRA PRODUCIDA POR DESEQUILIBRIO EMOCIONAL

La ansiedad, la falta de descanso, las preocupaciones financieras, la inseguridad, los miedos pueden provocar estallidos de ira.

Si usted no puede resolver el problema, no lo deje pasar, si lleva mucho tiempo así es evidente que no puede resolverlo solo, tal vez no logra descubrir la causa de su ira y no puede manejarla. Es momento de buscar una ayuda profesional porque la ira es un fuego que no sólo lo quema a usted mismo sino a todos los que lo rodean.

Capítulo 18

LAS DIFICULTADES DEL COMIENZO DE LA ADOLESCENCIA

Los primeros años de la adolescencia, suelen ser extremadamente difíciles para los padres, en especial porque deben enfrentarse a situaciones totalmente nuevas con sus hijos.

Josefina de 12 años ha dejado de contarle a su madre lo que hace en la escuela o lo que habla con sus amigas, para colmo se encierra en su cuarto y se queda horas hablando por teléfono, en voz muy baja para no ser escuchada. En una oportunidad, su madre entra al cuarto para pedirle que ordene su ropa; Josefina que estaba escribiendo algo en un cuaderno, le reclama: "¡Podrías haber golpeado la puerta! En esta casa no se puede vivir en paz".

La actitud de Josefina es muy normal a su edad. Los niños comienzan a buscar la intimidad y a exigir que se le respete. Se enojan si entran a su cuarto, le tocan o revuelven sus cosas o si intentan escuchar sus conversaciones telefónicas. Generalmente, no es porque tengan algo que ocultar, sino que necesitan la intimidad, separarse del ojo controlador de sus padres para vivir sus propias experiencias que los llevarán a tener mayor conciencia de sí mismos y de lo que sienten. No desean ni que sus hermanos se "metan en su mundo". Ya a los 10 u 11 años un niño o niña quiere tener un cuarto separado de sus hermanos y no quiere compartir sus cosas más preciadas. Esta necesidad de "individualidad" debe ser respetada, ya que como parte del crecimiento el niño está tratando de hacerse su "propio espacio" en el mundo. Los jovencitos se sienten invadidos cuando sus padres no les dan el mínimo "espacio" necesario y es probable que reaccionen con violencia. "Mamá, si Rosita vuelve a tocarme mis casettes de música, te aseguro que le pegaré hasta hacerla llorar". Reclama una jovencita de 14 años con respecto a su hermana menor. Otra de las preocupaciones mayores de los padres es la vestimenta. El adolescente ya no quiere que le elijan su ropa y ya no le interesa la opinión de sus padres.

José va a ir al cumpleaños de su tío quien hace una gran fiesta en un restaurante elegante y le dice a su madre que irá con un vaquero azul y una camiseta verde de algodón. Su madre le grita horrorizada: "No te dejarán entrar vestido así, tú tienes un lindo traje azul y puedo comprarte una corbata nueva". José contesta: "Yo voy como a mí me gusta y si no me aceptan así, mejor me quedo en casa".

Muchas madres se quejan que sus hijas se visten con la misma ropa una semana seguida sin lavarla o que no soportan verlas con esas minifaldas tan cortas y ajustadas, y esas baratijas que se ponen como anillos, pulseras y collares de mal gusto. "¡A veces sale a la calle disfrazada!", me decía una madre. Hay que tener en cuenta que esas vestimentas exageradas están encubriendo una gran ansiedad; a ellos les importa más como los ven sus iguales, que como los ven sus padres. Mientras más inseguro es el joven más tratar de encubrir su inseguridad con una vestimenta llamativa y que se adapte al gusto de sus amigos. Necesitan ser aceptados por el grupo y mientras más piensan que no serán aceptados por lo que son, necesitan aparentar un exterior llamativo. Muchos jóvenes quieren ir a comprar ropa con un amigo o amiga para tener la opinión de otra persona de su edad y así saber cómo "se ven" de afuera.

TODO DIFERENTE A LOS PADRES

La presencia de los padres les molesta. Sobre todo al principio de la adolescencia, los jóvenes rechazan parecerse a sus padres y necesitan demostrar que hacen las cosas a su propia forma. Como necesitan buscar "modelos" fuera de su hogar, es común que imiten a algún amigo o compañero de escuela o que muestren gran admiración por actores, cantantes o figuras del deporte. Ven a estos modelos como "lo máximo", "perfectos" y quieren parecerse a ellos. De allí que se quieren vestir como el cantante de moda o peinarse como una joven actriz famosa. Como están buscando su propia identidad y rechazan el modelo de sus padres, necesitan imitar a alguien ya que todavía no consiguen definir una personalidad propia. A la vez necesitan ser aceptados y "pertenecer al grupo". De allí es que se ven a tantos jóvenes vestidos casi iguales o con el mismo peinado. Marta, la madre de una jovencita de 14 años, decía: "Caty ahora quiere las mismas botas que tiene su mejor amiga y la semana pasada se compraron la misma chaqueta de cuero. Se ven ridículas vestidas iguales, mi hija no tiene personalidad". Esta es una queja común de las madres de adolescentes, pero esto pasa en la medida que crecen y van encontrando sus propios gustos. Muchos padres se sienten dolidos cuando sus hijos rechazan todo lo que provenga de ellos. Pero es necesario entender que no lo hacen por hacer daño o porque no los quieren, sino porque necesitan encontrar sus propias formas y su propio lugar en el mundo. En definitiva todos lo hicimos en algún momento y forma parte de una etapa necesaria para llegar a la madurez.

Para comprender a los jóvenes en esta fase, es necesario tener en cuenta los elementos psicológicos internos de cada niño y los cambios de la sociedad exterior que influyen profundamente en el joven, mientras comienza a "buscar" fuera de la familia valores, modas, formas de comportamiento, etc. Si los padres pretenden actuar igual que sus padres actuaron con ellos o si quieren "obligar" al joven a tomar en cuenta sólo los elementos que recibe de la familia, sólo conseguirán "alejarse" de sus hijos y romper la comunicación.

Es difícil para los padres "seguir" de cerca los cambios de sus hijos y de la sociedad, pero es necesario hacer el esfuerzo, porque no podemos pretender que el joven adolescente viva y piense como un adulto. Nosotros debemos "bajar" a su altura y comprender esta etapa de la vida, en que son por momentos niños y por momentos adultos, muchas veces pretendiendo saber lo que no saben y otras veces necesitando ser apoyados y protegidos como bebés. Esto exige de los padres mucha paciencia, comprensión y "grandeza de alma" como para no juzgarlos y poder estar muy cerca de ellos cuando los necesiten. Muchas veces hay que ser "acompañantes" mudos y silenciosos pero haciéndoles notar que pueden contar con nosotros. Otras veces hay que ser fuertes e inamovibles para poner límites que evitarán catástrofes. Pero lo más importante es aprender a escucharlos, no sólo hablarles; cuando un joven adolescente no se siente escuchado, deja de hablar. Con el principio de la adolescencia las relaciones entre padres e hijos cambian profundamente. Muchos padres quieren conservar la misma actitud que cuando eran niños, esto hace que los jóvenes se resientan y se molesten, reaccionando con rebeldía y malestar.

PADRES RÍGIDOS O BLANDOS

A quienes más les cuesta este período es a los padres muy rígidos que no soportan las contradicciones que trae la adolescencia. Con esta actitud lo que logran es perder totalmente el control y sus hijos comienzan a ocultar y a mentir. Los padres demasiado blandos también perderán el control porque el joven se sentirá sin límites, y buscará llegar a situaciones extremas para llamar la atención. Cuando no tienen supervisión ni límites, muchos jóvenes sienten que no son amados y que a nadie les importan. Lo ideal es un punto intermedio: ir ampliando los límites en la medida que demuestran responsabilidad. Si durante un año consecutivo cumplió con volver a casa a la hora indicada por sus padres, al siguiente año podrá llegar una hora más tarde. Cada padre pondrá los límites acorde con sus valores religiosos, morales y culturales, pero estos no deben ser ni demasiado estrechos ni demasiado amplios.

Muy importante: Vigilancia pero no ahogo, comunicación pero no presión exagerada.

Capítulo 19

CONSECUENCIAS DE UNA
EXPERIENCIA DOLOROSA

Después de haber vivido una experiencia inesperada y dolorosa, quedamos con una fuerte impresión. Si esta sensación no desaparece en pocos días y continuamos con imágenes, recuerdos, o si nos sentimos emocionalmente anestesiados, podemos estar atravesando por estrés después de un trauma (Post Traumatic Stress Disorder, PTSD). Un trauma es un golpe, que en este caso no es físico sino emocional. Cuando este golpe ha sido muy fuerte, inesperado y repentino, podemos quedar afectados hasta el punto de sentir que ya no somos los mismos. **Pueden aparecer síntomas que afectan nuestro funcionamiento en las relaciones con los demás y con nosotros mismos.**

Los desórdenes de estrés después de un trauma han sido estudiados en veteranos después de la guerra, quienes habiendo vivido experiencias o "golpes" emocionales muy fuertes, quedaron con traumas que mostraban cambios en su conducta.

Las personas pueden tener un desorden de estrés después de un trauma, en situaciones como accidente, la muerte de un ser querido, el abandono repentino de la pareja, la pérdida de trabajo, el presenciar situaciones muy intensas como la muerte de alguien o haber sido violada sexualmente o agredida físicamente.

El desorden de estrés después de un trauma suele ocurrir a cualquier edad, en la infancia, la adolescencia y la adultez.

Los síntomas incluyen:

- La persona con 'Post Traumatic Disorder' tiene sueños y pesadillas relacionadas con el suceso traumático.

- Tiene permanentes recuerdos o imágenes (flashbacks) que se presentan repentinamente a la mente sobre lo sucedido.

- Puede tener una excesiva sensibilidad a situaciones que pueden parecerse o recuerden la experiencia traumática. Por ejemplo:

- Los aniversarios del evento o los días anteriores al 9/11, ya se siente una intensa ansiedad y se reviven los sentimientos de aquel momento traumático.

- La persona puede evitar tener emociones asociadas con el trauma. Por ejemplo: Rosario, una señora de 40 años, no soportaba ver en la televisión accidentes automovilísticos debido a que le recordaban uno que ella había tenido 5 años atrás.

- Algunos muestran una pérdida parcial de memoria de hechos conectados con el trauma. Una jovencita que fue violada sexualmente por una pandilla, no podía recordar si fueron tres o cuatro los jóvenes que abusaron de ella.

Tampoco podía recordar bien sus rostros, pero sí podía reconocer sus voces.

• Los niños pequeños pueden olvidar ciertas capacidades ya aprendidas como ir al baño solos o hablar. Regresan a estados anteriores en el desarrollo.

• Las personas se sienten desconectadas y separadas emocionalmente del resto de las personas, pueden estar en una reunión familiar rodeados de personas, sin embargo se sienten solos.

• Algunos se sienten incapaces de tener sentimientos de amor, respeto o confianza hacia otras personas.

• Muchos dejan de tener esperanzas en la vida como casarse, tener éxito profesional o ganar dinero.

• Problemas para dormirse en la noche, o se despiertan varias veces.

• Dificultades para concentrarse.

• Muchas personas pueden perder contacto con la realidad o desconectarse por unos segundos o minutos mientras están reviviendo imágenes del hecho traumático.

• Puede sentir que la situación la está reviviendo una y otra vez. Puede resultar peligroso guiar un carro o estar al cuidado de niños pequeños.

• Una excesiva reacción ante situaciones que le recuerden el trauma. Una joven que fue atacada en un ascensor para robarle, cada vez que subía a un ascensor le sudaban las manos y el corazón le latía fuertemente.

Si estos síntomas perduran más de tres meses después del evento es necesario buscar ayuda, una terapia para volver a la normalidad. De lo contrario se transforman en crónicas o pueden llevar a una depresión, una extrema ansiedad, o al uso de alcohol o drogas. Estos síntomas deben ir desapareciendo gradualmente en un lapso no mayor de uno o dos meses.

ADORMECIMIENTO DE LAS EMOCIONES

Este es uno de los síntomas más comunes. Tania, una joven de 32 años, nos decía en una consulta:

Tania: "Yo fui violada sexualmente a los 19 años y por mucho tiempo yo hablaba acerca de ello, pero intelectualmente, como si le hubiera pasado a otra persona. Yo sabía que me había pasado a mí, pero no sentía nada. Tenía muchos problemas para llegar a una relación íntima con un hombre, siempre por alguna razón terminaba la relación antes que tuviera que enfrentarme a algún tipo de intimidad. El hecho ocurrió un primero de enero. Durante años, cuando se estaban acercando las fiestas comenzaba a sentirme ansiosa, no quería participar en ninguna fiesta de año nuevo, me sentía desconectada de mi familia. Quería poder dormirme durante todo el período de las fiestas y despertarme ya en el nuevo año. Llegué a darme cuenta que algo andaba mal en mí cuando conocí a un hombre que deseaba una relación seria conmigo y me di cuenta que a pesar de que él me gustaba, yo no podía tener relaciones sexuales con él. Cuando sentí presión de su lado, quise terminar la relación, pero me sentí muy angustiada y comencé a llorar con desesperación.

No podía ni seguir adelante, ni escapar, estaba atrapada. Él me sugirió que buscara ayuda y así fue que me decidí a venir a hacer una terapia. De verdad quiero superar esta situación y poder ser feliz con una pareja".

Este es un caso típico de una persona que cree intelectualmente que ha superado el trauma, y puede hablar sin ninguna emoción, sin embargo en su vida práctica se encuentra "limitada y atrapada" cuando vive alguna situación que le recuerde el evento, o cuando llega la fecha cercana al aniversario del mismo.

Cuando una persona presenta un "PTD" debe buscar ayuda psicoterapéutica. En poco tiempo pueden desaparecer los síntomas y tener una vida normal.

Los niños también sufren de este estrés después de un trauma y se puede observar un cambio de conducta, falta de concentración, retraimiento, hipersensibilidad y dificultades para dormirse en la noche. Si un niño presenta varios de estos síntomas es necesario hacerle una evaluación psicológica para descubrir que puede haberle pasado, que tal vez el niño no puede expresar por miedo o vergüenza, pero que lo está afectando profundamente. Un trauma puede dejar huellas en muchas áreas y no permitir que un niño desarrolle sus capacidades o consiga tener éxito en su vida futura. Un trauma no resuelto puede no dejarnos disfrutar ni ser felices aunque tengamos todo lo necesario para serlo.

Capítulo 20

CÓMO UN NIÑO SE DEFIENDE A SÍ MISMO

Todo niño trata de obtener aprobación de los mayores. Cuando los que lo rodean pasan por alto los esfuerzos que el niño hace por mejorar y desarrollar habilidades, el niño no tiene problema en llamar la atención sobre sus logros.

- ¡Papá! ¡Mira que fuerte soy!

- Mira, ya bajo la escalera sin sujetarme con las manos.

- ¡Mamá! terminé de comer antes que Rosita.

- Mira, ya sé escribir mi nombre.

¿Jactancia? No. El niño necesita del refuerzo positivo para mantener alta la idea de su propio valor. El niño necesita sentir el reconocimiento de los adultos para desarrollar el respeto a sí mismo y crear una imagen positiva de sí mismo y en este proceso la respuesta de los padres es clave. Cuando un niño no recibe la aprobación o el reconocimiento por sus logros, no consigue desarrollar el respeto a sí mismo, y cuando esto sucede el niño puede emprender tres caminos:

1. La construcción de defensas: El niño elabora formas de cubrir su ineptitud o incapacidad.

2. La sumisión: Acepta su ineptitud y es el comienzo de una vida de auto anulación.

3. El escape: El niño se retira a un mundo de fantasías para contrarrestar los rechazos que sufre.

Cada uno de estos caminos tiene su precio. La mayoría de los niños ensaya todo tipo de defensa antes de comenzar a escaparse; esto lo utiliza como último recurso.

LA CONSTRUCCIÓN DE DEFENSAS

La defensa es un arma contra el miedo, la ansiedad y la ineptitud o incapacidad.

Anita siempre disminuye a sus hermanos mientras eleva sus propias acciones. Cuando ve que alguno de sus hermanos hace algo incorrecto corre a contarle a sus padres, siempre trata de demostrar que ellos no son "buenos niños" en cambio ella siempre realza sus acciones.

Luisito siempre demuestra que es el más fuerte, y de alguna manera consigue imponer su voluntad. Carina habla y habla, no deja hablar a nadie, es una forma de llamar la atención, siempre quiere hacerse notar.

Estos son ejemplos de "defensas" que se originan en un sentimiento de ser malo, indigno de amor y carente de valor. Las actitudes de estos tres niños están encubriendo o tapando una desvalorización de sí mismos. Mientras más esfuerzos hacen por mostrarse, o atraer la atención, es porque en el fondo sienten que si no lo hacen nadie les dará valor o importancia. Y es allí donde los padres debemos preguntarnos de qué forma les hemos dado esa idea. Este sentimiento "secreto" de baja valoración es el núcleo de su neurosis.

La neurosis no es nada más que una cicatriz que se forma alrededor de una herida psicológica. Un niño con auto respeto y alta valoración de sí mismo no necesita construir defensas.

Maritza, una niña de 8 años, para ocultar que se siente inútil, débil y torpe, en el exterior es gritona, autoritaria y dominante. Este problema no lo resolverán sus padres con regaños y castigos. Es necesario ver qué es lo que un niño encubre con este tipo de conductas, qué es lo que no quiere que los demás noten.

Una solución para Maritza sería entrenarse en algún deporte que le guste y así demostrar de una forma positiva que ella no es inútil, débil y torpe. Ella irá convenciéndose de sus capacidades y fortalezas y así elevará su autoestima. Ya no necesitará "encubrir" un sentimiento de desvalorización con un sentimiento de excesiva autovaloración.

No todos los niños (ni los adultos) encuentran formas constructivas para mejorar la autoestima, muchos optan por defensas que los llevan a la auto derrota.

Supongamos que Maritza no encontró la solución en el deporte y sigue siendo autoritaria, mandona y dominante. Esto la llevará a sentirse separada y rechazada por los demás. Esto hará bajar su autoestima aún más. Mientras sus relaciones con los demás sigan empeorando, menos se concentrará en sus tareas escolares. Para Maritza será más importante sentirse aceptada por sus compañeros que aprender las tablas de multiplicar. Esto la llevará más adelante a unirse a una pandilla, o hará cosas para llamar la atención como vestirse llamativa o ser la que sale con más muchachos.

TODO PARECE QUE ESTÁ BIEN

Algunos adolescentes con sentimientos de ineptitud utilizan como defensa el presentar una buena fachada. Los padres de Roxana la apreciaban sólo cuando era bondadosa, estudiosa y juiciosa. Mientras hiciera el papel de "angelito". recibía todo el afecto y el reconocimiento. Entonces Roxana aprendió a ocultar sus sentimientos de ira, frustración, celos, y ansiedad. En la superficie todo parecía perfecto, ella se ocupaba de mantener la imagen de "chica buena" para recibir el cariño de su familia. Siempre trataba de obtener aprobación y ocultaba "lo malo". Sus energías se dedicaban más a parecer que a ser. Sus capacidades potenciales quedaron sin desarrollarse y así su desvalorización aumentó.

Roxana terminó siendo una adulta insatisfecha, desconectada de sus propias emociones y sólo ocupada en aparentar.

Todo aquel que construye un falso Yo se condena a sí mismo. Los demás reaccionan a su "máscara" no a su verdadero ser. El verdadero Yo de estas personas no tiene oportunidad de expresarse ni de comunicarse con otros. No quieren que nadie vea su verdadero Yo porque lo consideran inaceptable.

Susana nació en una familia que le gustaba mucho las fiestas y la diversión, y aprendió que para obtener la aceptación de su familia debía ser el "alma de la fiesta". Así se revistió de la máscara necesaria, pero la soledad que está siempre atrás de una máscara disminuyó sus energías hasta que al llegar a adulta, estaba casi siempre en cama, víctima de diferentes enfermedades. A los 45 años comenzó psicoterapia. Así aprendió a aceptar su verdadera naturaleza, tranquila y meditativa. Se dio cuenta que siempre había vivido actuando para obtener el cariño y la aprobación, y comenzó a vivir de acuerdo a su verdadero ser. Muchos amigos y aún familiares apreciaron su cambio y ella se dio cuenta que igual recibía afecto siendo tal cual era.

El examen de viejos esquemas que traemos de la infancia, nos sirve para darnos cuenta que esas máscaras ya no son indispensables para sobrevivir, y además los otros nos quieren más porque siempre la autenticidad es cautivante. Muchos creen que deben parecer "buenos", eficientes, competentes, perfectos, para que los quieran y se dedican a construir hermosas máscaras sin darse cuenta que en realidad se engañan a sí mismos.

La mujer que no deja que nadie la vea sin maquillaje o se desespera si alguien golpea la puerta cuando la casa está desarreglada, son personas que a toda costa no quieren que se vea "su realidad". Le dan demasiada importancia al exterior para ocultar un interior que a su juicio no es bueno. Las máscaras se usan para ocultar un Yo sin valor.

LA SUMISIÓN

El niño que no consigue elaborar defensas adecuadas, se somete. Josefina tenía poca aceptación por parte de sus padres, casi todo lo que hacía o decía estaba mal. Su padre dominante que gritaba con facilidad mostraba desprecio por las mujeres. Durante toda su infancia Josefina vio a su madre hacer el papel de trapo de piso. Creció con la idea que no merecía respeto ni consideración, cuando adulta atrajo a su vida un hombre que la maltrataba y le recordaba cada día lo poco que valía. Continuó en esta situación hasta que se decidió a hacer terapia. A través de la terapia, Josefina consiguió salir de ese "patrón" que dominaba su vida y pudo recuperar su valor y autoestima.

Capítulo 21

LA CURIOSIDAD
Y EL NIÑO

El ser humano es curioso por naturaleza, y especialmente el niño, que interactúa con todo lo que descubre a su alrededor sin que interfieran ideas preestablecidas sobre "cómo deben ser las cosas". Un niño cuya curiosidad es apoyada y estimulada tiene "vía libre" para aprender. De acuerdo a como sea la actitud de los padres con respecto a la curiosidad del niño, éste aprenderá fácilmente o se bloqueará para el aprendizaje.

Hacia los tres o cuatro años, el niño no se cansa de preguntar: *¿Por qué el cielo es azul? ¿Por qué el fuego quema? ¿Por qué la luna no está entera? ¿Dios tiene ojos? ¿Por qué te pones esos zapatos?* Alrededor de los cinco años el niño ya tiene más o menos moldeadas las actitudes hacia el aprendizaje, y éstas serán de acuerdo a como los padres reaccionaron a sus preguntas y exploraciones.

Lamentablemente, alrededor de los cinco años, muchos niños ya han aprendido a "no aprender". Jorgito vuelca su carrito amarillo de grandes ruedas, y su mamá le dice: *Jorgito, los carros andan así*, e inmediatamente le da vuelta al carro; *no hagas ruido con la cuchara*, y se la quita de las manos. Una y otra vez la mamá de Jorgito lo induce a no investigar, a no explorar como giran las ruedas con el carro dado vuelta, o como suena la cuchara golpeada contra el tenedor. No le permite probar nuevos enfoques. Jorgito entiende que cada vez que intenta una forma nueva es reprimido o castigado, y pronto el niño reprime la curiosidad para evitar la desaprobación de sus padres. Claro que muchas veces las exploraciones pueden ser riesgosas para el niño. En ese caso se le debe explicar por qué "no debe hacer esto o aquello". Pero cuando los padres ven que no hay riesgo alguno debe dejársele explorar y probar posibilidades que tal vez a los ojos del adulto parezcan absurdas. ¿Hay algún peligro en que Jorgito experimente con el carro ruedas arriba?

Muchas preguntas, a veces cansadoras, hacen que los padres respondan a sus hijos: "*Vete afuera a jugar*", "*cállate, no me molestes*", "*silencio, no me interrumpas que estoy mirando mi novela favorita*". Si el niño recibe aprobación solamente cuando está en silencio, pasivo, quieto, aprende a dejar de lado su curiosidad y sus preguntas. "Déjame atarte los zapatos, yo lo hago más rápido". "Yo te lavaré las manos; tú te demoras mucho y te mojas las mangas".

Si no le damos tiempo al niño para que explore, se moje, o haga un nudo con los cordones de sus zapatos, él nunca aprenderá a hacerlo. Además, el mensaje que recibe es: "tú no sabes, no puedes". Esto le hará perder la confianza en sí mismo y pensará que efectivamente él es un inútil, preferirá renunciar a hacer el esfuerzo y terminará no queriendo intentar hacer cosas nuevas.

Los padres debemos mantener en el niño el deseo de aprender. Todo niño debe saber que vale la pena preguntar y experimentar y no debe sentirse inferior por su afán de saber o por los errores que cometa al intentar nuevas experiencias.

Capítulo 22

CÓMO PREPARAR A LOS HIJOS PARA LA LECTURA

Para que un niño comience a aprender a leer, es necesario que haya cumplido anteriormente otras etapas. Muchos niños presentan dificultades para aprender a leer, no por falta de inteligencia o capacidad, sino porque no han realizado otros pasos previos, que deben ser enseñados por los padres. Es como para construir un edificio, primero es necesario hacer los cimientos, y si éstos no están firmes, el edificio podrá derrumbarse. Lo mismo sucede con la lectura, si no hay una preparación adecuada durante los años anteriores al comienzo de la escuela, el niño podrá presentar problemas. Los padres deben comenzar la preparación para la lectura alrededor de los dos o tres años, con actividades que crearán el campo propicio para que el niño llegue a primer grado "listo" para aprender a leer.

¿QUÉ DEBEMOS HACER ANTES QUE EL NIÑO VAYA A PRIMER GRADO?

ENSEÑARLE AL NIÑO A ESCUCHAR Y OBEDECER INSTRUCCIONES

Esta es una tarea que debe comenzar alrededor del primer año de vida, con cosas sencillas como: "Ven aquí, dame la cuchara", y a medida que el niño crece, estas instrucciones serán más complejas: "Átate el cordón de los zapatos como te enseñé a hacerlo", o "Ponte el abrigo antes de salir a la calle", o "Lávate las manos antes de comer". Para que un niño aprenda a escuchar, es necesario que nosotros también lo escuchemos. Debemos hacernos el tiempo para detenernos en nuestras actividades y escucharlo. Si seguimos cocinando o mirando televisión mientras el niño habla, él no se sentirá atendido. Debemos suspender lo que estabamos haciendo, acercarnos a él, mirarlo a los ojos y poner toda nuestra atención a lo que él dice. De esta forma el niño imitará nuestra actitud. Recuerde: El niño "aprende de lo que ve".

ESTIMULARLO A QUE HABLE CON ORACIONES COMPLETAS

Muchos niños responden con monosílabos: sí, no, eso, dame, etc. Es importante que el niño se acostumbre a hablar con oraciones completas: "Sí, quiero ir contigo al supermercado", o "Quiero quedarme jugando un rato más". Cuando el niño recién comienza a hablar, no podrá formar oraciones completas, pero alrededor de los tres o cuatro años ya está en condiciones de hacerlo. También es importante que los padres le hablen con oraciones completas, en vez de decirle: "No toques", debemos decirle, "No toques ese florero que puedes romperlo". El niño se acostumbra a oír la "secuencia" de las palabras, y sin darse cuenta aprenderá la gramática del lenguaje. De esta manera también le estamos dando la oportunidad de aumentar su vocabulario.

LEERLE CUENTOS
E HISTORIAS

Es muy importante que el niño desarrolle el placer por la lectura a partir de escuchar cómo sus padres le leen. Cuando los niños ven mucha televisión, se acostumbran a las imágenes visuales y pierden la capacidad de imaginar. Cuando uno lee, el niño tiene la posibilidad de imaginar los personajes y las situaciones, esto desarrolla su creatividad. Al ver tanta televisión, el niño se vuelve "flojo". No usa su capacidad imaginativa porque ya las imágenes están hechas y completas; el niño sólo absorbe pero no crea.

Un buen momento para leerle un cuento es cuando se acuesta, antes de dormir. Éste es un hábito diario que los niños disfrutan mucho. Si su hijo se entusiasma con los cuentos, será un gran estímulo para que pronto quiera aprender a leer.

ESTIMULARLO A QUE RELATE
LO QUE HIZO O SINTIÓ

Cuando el niño sale con el padre o la madre, es importante que el otro le pregunte, por ejemplo: "¿Te divertiste?, cuéntame ¿qué hiciste en el parque? ¿Había muchos niños? ¿Te dieron miedo los truenos?" Con preguntas como éstas, los estimulamos a hablar, a relatar lo sucedido y sobretodo a que el niño se conecte con sus emociones y pueda decir lo que siente. Esto facilitará la comunicación, y hará sentir al niño que a usted le interesa lo que él vive y siente. Sobre todo, esto le despertará el gusto por la lectura de historias de lo que viven y sienten otros niños, personas o animales. Si él ve que lo que él vive les interesa a los demás, a él le interesará lo que otros viven. Estamos estimulando al niño a abrir su mente y su disposición a conocer y a aprender.

ESTIMULARLO A OBSERVAR LO QUE HAY A SU ALREDEDOR Y DECIR LO QUE VE

En forma de juego se le pide al niño que diga lo que ve a su alrededor, sobre todo si salimos con él a lugares diferentes. Esto hará que aumente su vocabulario y su capacidad de observación. Podemos preguntarle que observe diferencias y similitudes con otros lugares conocidos, y hacerle preguntas que lo obliguen a observar, como: "¿Tú crees que ese cartel rojo es más grande que el que hay en la esquina de casa?" o "¿crees que este parque tiene más árboles que al que fuimos el domingo pasado?" El cerebro del niño estará aprendiendo a observar, a hacer comparaciones, a diferenciar entre tamaños, colores, cantidades, etc.

ENSEÑARLE EL SIGNIFICADO DE NUEVAS PALABRAS

Describir cosas o situaciones ayuda mucho al niño a utilizar nuevas palabras, y cuando no usa la palabra adecuada hay que corregirlo. Debemos hacerlo suavemente sin mostrarle al niño agresividad o enojo. Es importante no hablarle al niño con un lenguaje para bebé (baby talk), esto no lo ayuda a hablar correctamente. Cuando aparece una palabra nueva, debemos explicarle el significado con ejemplos que el niño conoce. Por ejemplo, si el niño pregunta: "¿Qué quiere decir artificial?" El papá puede responder: "¿Recuerdas el cuento del pirata con una pata de palo? Esa pata no es su pierna verdadera, pero está puesta en su lugar. Esa es una pierna artificial". O "Cuando te disfrazaste de payaso y te pusiste una nariz grandota, esa es una nariz artificial porque no es verdaderamente la tuya". Con ejemplos simples podemos explicarles el significado de palabras nuevas, pero deben ser ejemplos de situaciones concretas que el niño haya vivido, ya que hasta los siete u ocho años el cerebro del niño no está preparado para el pensamiento abstracto. Al niño le resultará divertido y le podemos pedir que busque otros ejemplos.

AYUDARLE A RECONOCER OBJETOS
IGUALES Y DIFERENTES

Esta es una capacidad indispensable para el aprendizaje de la lectura. Más adelante los niños deberán diferenciar entre letras y sonidos. Por eso es necesario que esta capacidad ya esté desarrollada cuando el niño comienza la escuela. En cualquier situación cotidiana y de una manera espontánea, estimule al niño a observar y diferenciar objetos y formas. Por ejemplo, "dale a tu hermanito el vaso más pequeño", ó "alcánzame el plato verde".

Una visita al supermercado da una muy buena oportunidad para que el niño observe diferencias y similitudes: "Elige seis tomates iguales en tamaño". O "ayúdame a encontrar cuatro papas, dos grandes y dos pequeñas". O "elige dos peras que sean blandas". En estas situaciones debemos adoptar una actitud alegre y divertida, para que el niño sienta que es un momento en el que está disfrutando, y no algo que se sienta presionado o juzgado. El niño debe desarrollar el placer por el aprendizaje.

ENSEÑARLE A ASOCIAR DIFERENTES COSAS

La capacidad de asociación es muy importante para el aprendizaje de la lectura, y ésta es una función del cerebro que aparece muy temprano en el desarrollo. Un bebé, ya es capaz de asociar el ruido del abrir y cerrar la puerta de la refrigeradora, conque ya es su horario de comida. Un niño de sólo un año puede asociar que si la mamá se cambió de ropa es porque está por salir. A medida que el niño crece, esta capacidad de asociación se va desarrollando y nosotros podemos incrementar esta capacidad con preguntas como: "Tu hermanito está llorando, ¿qué crees que le pasa?" o "tu padre no fue a trabajar hoy, ¿qué día de la semana es hoy?".

MOSTRARLE LÁMINAS Y DIBUJOS
Y QUE RELATE LO QUE OBSERVA

Cuando leemos un cuento, debemos mostrarle los dibujos al niño y hacer exclamaciones como: "¡Mira el pajarito encima del techo de la casa!" Y luego le podemos preguntar: "¿Qué más ves encima del techo?" o "¿qué están haciendo el niño y su abuelita?" Probablemente, el niño sólo no relatará lo que observa si nosotros no le hacemos preguntas. Describir una lámina o un dibujo es una buena forma de aumentar el vocabulario, desarrollar la observación y la capacidad de asociación.

LEA USTED Y ENTUSIÁSMELO
CON APRENDER A LEER

Si el niño nunca ve en su casa a nadie leyendo, pensará que no es importante. Desarrolle usted hábitos de lectura. Busque lo que le guste, puede ser un periódico, una revista, o un libro. ¿Cómo vamos a darle al niño el mensaje que leer es importante si nunca nos ve haciéndolo? Háblele de lo entretenido y divertido que es leer. Transmítale que aprender a leer es muy importante y lindo. Hágale ver que son divertidos los momentos en que él comparte con usted aprendiendo cosas nuevas y que cuando él sepa leer, él solo, podrá aprender muchas cosas nuevas. El niño debe asociar el aprendizaje con un momento placentero, y no como algo aburrido y sin importancia. Recuerde, su hijo aceptará como importantes aquellas cosas a las que usted les da importancia.

HÁGALO SENTIR QUE SIRVE
Y ES CAPAZ DE APRENDER

Es importante no perder la paciencia con facilidad. Demuéstrele a su hijo que cuando aprenda algo nuevo, es una gran alegría para usted. Felicítelo, abrácelo, y demuéstrele su satisfacción. Para el niño es muy importante que usted esté contento con sus logros. Si usted pierde la paciencia y dice, por ejemplo: "Te he repetido esta palabra mil veces y todavía no la sabes", su hijo pensará que él es tonto y que no sirve para aprender, y dejará de poner empeño en la lectura. Comprenda usted que el aprendizaje de cualquier cosa es un proceso, y que uno puede equivocarse muchas veces antes de aprender las cosas correctamente. Es importante que no le hable a gritos, el niño debe sentir que aprender es una experiencia agradable, no un momento de presión y nerviosismo. Cuídese de no estar en ese momento descargando frustraciones y rabias que no tienen nada que ver con el niño. Si su hijo asocia los momentos de aprendizaje con alegría, comunicación y diversión, buscará aprender, pero si los asocia con gritos, frustración o incapacidad seguramente los evitará.

Capítulo 23

CÓMO COMBATIR
LOS CELOS

Generalmente los padres transmitimos a los niños la idea que los celos son una equivocación, que es un sentimiento que no debería tenerse, sin embargo los niños siguen sintiendo celos a pesar de nuestros sermones. Los niños celosos se van sintiendo más culpables y menos valiosos.

LO QUE NOS DICEN LOS CELOS

¿Qué tiene que tener otra persona para que sintamos celos de ella? ¿Más capacidades, más confianza en sí misma, más éxito, más dinero o más status social?

Lo que produce este sentimiento no es lo más importante, sino que en realidad los celos aparecen cuando nos sentimos en desventaja. Para quien se siente seguro y en el lugar más alto en las áreas que le interesan, los celos no existen. Este sentimiento en realidad encubre la idea de que somos desafortunados.

También los celos hacia una persona amada pueden indicar: "Me siento excluido", "No quiero compartirte porque tengo miedo que no regreses conmigo", o también "Puedes encontrar a alguien mejor que yo". Que la desventaja sea real o imaginaria no importa, los celos son siempre reales para quien los siente.

¿POR QUÉ SIENTEN CELOS LOS NIÑOS?

Todo niño anhela el amor y la atención exclusiva de sus padres. Basta imaginar la vida de una sociedad que permita la poligamia para entender la situación en que se encuentran los niños. En estas sociedades las rivalidades entre esposas presentan un verdadero problema. Para alcanzar la situación de favorita, las mujeres recurren a distintas maniobras, todas quieren ocupar el primer puesto, molestan a sus rivales y les crean problemas. Los niños se encuentran en esa posición.

"José Luís ve como su madre emplea largas horas en cubrir las necesidades de su hermano recién nacido. Él quisiera recibir la misma atención y busca la forma de obtenerla. Tiene dolores de estómago, se despierta de noche con miedo, vuelve a orinarse en la cama y hasta quiere otra vez el biberón".

"María nota como su hermana termina las tareas de la escuela en menos de una hora y luego se va a ver televisión. Sin embargo, las notas de su hermana son siempre mejores que las de María".

Todo niño que se siente en desventaja frente a otro busca la forma de compensar ese sentimiento tratando de ponerlo mal frente a los ojos de sus padres o como hacía María, le rompía o ensuciaba los cuadernos a su hermana.

¿Por qué María no trata de igualar a su hermana? Es evidente que siente que no puede. Hay una desvalorización de sí misma, un sentimiento de "yo no soy capaz". Esto no es más que baja autoestima. La forma de ayudarla es aumentando su autoestima, prestando atención en que tiene dificultad y buscar ayuda profesional si es necesario. De nada servirá decirle "no vuelvas a romper el cuaderno de tu hermana" porque lo seguirá haciendo o hará cualquier otra cosa para expresar esa rabia, esos celos, esa insatisfacción consigo misma.

Todo niño se lleva mejor con sus hermanos cuando gusta de sí mismo.

LOS NIÑOS QUE SE AUTO RESPETAN SON MENOS CELOSOS

Es importante trabajar con cada niño para desarrollar sus intereses y talentos especiales. Tratemos a cada uno como un individuo aparte. A veces los padres, por comodidad o por tratar de ser justos, mandan a todos sus hijos a la clase de karate o les compran zapatos a todos de una vez. Tal vez alguno de los niños no le guste el karate o no necesite zapatos sino pantalones. Debemos ver que necesita cada uno. Debemos tratar que cada niño se sienta especial y único. Es importante también dedicarle tiempo a solas a cada niño, tal vez unos minutos al acostarse, o que vayan en forma alternada al supermercado con mamá. Es importante que el niño no se sienta "uno del montón", sino único y especial. Rara vez siente uno lo mismo hacia todos sus hijos, a veces el carácter de alguno tiene más afinidad con la madre o el padre. Pero cuando uno de nuestros hijos resulta repetidas veces el favorito, todo está preparado para que surjan celos en los demás.

Si uno prefiere a uno de sus hijos, debe mirar en su interior y descubrir la causa. ¿Presenta el menos favorito rasgos que nos disgustan? (Recordemos que el rasgo que nos disgusta en los otros es lo que rechazamos en nosotros mismos).

Tal vez alguno presenta rasgos que nos recuerdan a nuestro padre o madre. Cuando existen celos debemos examinar la situación de familia, si no le damos a algún niño más ventajas que al otro. Muchas madres transforman a su hija mayor en una madre asistente, ella probablemente se sentirá en desventaja con respecto a sus hermanos, ya que tiene que asumir responsabilidades que los otros no tienen o se sentirá más exigida que sus hermanos.

La comparación es el camino más seguro hacia los celos, ya que éstos provienen de sentirse menos que otro. "¿Por qué no estudias como tu hermana?". Estas palabras marcan al niño con un sentimiento de inferioridad respecto a su hermana y en vez de impulsarlo a mejorar lo hacen sentir cada vez menos. ¿Cómo nos sentiríamos si nuestro jefe nos dice: "¿Por qué usted no entrega los informes a tiempo como Martínez? Él siempre hace todo como se le pide". Seguramente Martínez dejará de resultarnos simpático y tal vez no perderíamos la oportunidad de dejarlo mal ante el jefe.

CÓMO COMBATIR LOS CELOS

Una manera de reducir sentimientos negativos como los celos es alertar su expresión, ya sea en palabras, dibujos, pintura, música, arcilla, etc. Alentar al niño que exprese sus celos, quiere decir estimularlo para que hable y para ello el niño necesita sentirse comprendido. Frases como: "No debes tener celos de tu hermana" no dan ningún resultado. Los sentimientos no se cambian por la lógica o una orden de que desaparezcan.

Deben ser expresados verbalmente para uno poder liberarse de ellos; pero deben expresarse ante alguien que nos comprende, no alguien que quiere invalidar lo que sentimos.

"¡Ustedes quieren más a Eduardito que a mí, ustedes hacen más por él que por mí!" Gemía José. "¡Que ridiculez!" Responde el padre, "¿no te llevo todos los sábados a jugar pelota? ¿No te compramos una bicicleta para Navidad? ¿Y no vas a todas las excursiones de la escuela que nos cuestan tanto dinero? Sin embargo no gastamos nunca dinero en ninguna diversión de Eduardito porque es todavía pequeño. ¡Así es que ya puedes acabar con esa música!" El padre de José acaba de bombardear a su hijo con "pruebas" de que no existen razones lógicas para tener celos de su hermanito; que no debe sentir lo que siente. Los sentimientos no siempre tienen lógica, el solo hecho de aceptar que existan ya permite la liberación de ellos.

¿De qué forma el padre de José podría encarar constructivamente los celos de su hijo, para que se reduzcan?

"Ustedes hacen más por Eduardito que por mi" gime José.

"Parece que te sientes maltratado, dejado de lado" responde el padre tratando de entender lo que su hijo siente.

"Sí, todas las noches lo sientan en sus rodillas y le leen esos estúpidos cuentos para bebitos".

"Parece que no quieres que le lea cuentos", dice el padre.

"Y como voy a querer, si sólo porque es más chico recibe todas las atenciones especiales".

Su padre podría decirle que eso mismo recibió cuando él era más pequeño, pero sería otra vez responder con la lógica, y no serviría de nada.

"¿Te gustaría que te dedique más tiempo a ti solo? Podríamos acostar a Eduardito y luego que él se duerma, podemos jugar damas u otro juego durante una media hora, antes que te vayas a dormir".

La comprensión y la acción mostrará que el padre está dispuesto a darle a José también atención especial, en algo de acuerdo a su edad, consiguiendo que el niño deje de lado sus celos provocados por la sensación que su padre le daba atención especial sólo a su hermanito. El padre pudo llegar a la fuente del problema y resolverlo. El niño se durmió tranquilo y feliz esa noche y pudo dejar de pensar que su padre sólo se ocupaba del hermano.

LAS SEÑALES DE LOS CELOS

Difícilmente un niño puede expresar directamente "tengo celos de mi hermano" o "no quiero compartirte" o "me siento excluído". Pero los celos se expresan por medio de acciones como volver a orinarse en la cama, chuparse el dedo o volver a tener conductas de un bebé. Otra señal es un aumento en la demanda de cosas. El niño comienza a exigir que le compren más juguetes o ropa, o que le dediquen más tiempo. Algunos llaman la atención subiendo el volumen del televisor hasta que rompe los tímpanos cada vez que su mamá ayuda a su hermano a hacer las tareas. Otros se hacen los payasos o rompen cosas a propósito. Algunos se enferman con frecuencia o se ponen caprichosos.

Debemos prestar atención a las señales e ir a la raíz del problema, no castigarlos para que no demuestren más señales. Si el sentimiento de celos se mantiene lo expresará de otra forma y viviremos reprimiendo al niño, quien en realidad está sufriendo porque quienes hemos sentido celos alguna vez, sabemos lo horrible que es ese sentimiento y cómo nos carga de dolor, frustración y rabia.

Capítulo 24

PELEAS ENTRE HERMANOS

Todos deseamos que nuestros hijos se lleven bien y no se peleen, pero a veces ejercemos tanta presión para ello que conseguimos exactamente lo contrario.

Josefina, una madre de tres niños me decía: "Mi hijo mayor de 8 años, siempre busca hacer sentir a su hermano de 6 años que es un idiota, que es torpe y nada hace bien. Por otro lado el de 6 años siempre busca molestarlo, le rompe cosas y le echa la culpa al más pequeño".

Es evidente que hay un problema de celos en el mayor, que se manifiesta rebajando y haciendo sentir menos al hermano que le sigue. El hermano menor se desquita haciendo cosas que sabe le molestarán. Estas son situaciones en las que los padres no deben intervenir "buscando" al culpable, siempre en una pelea de dos, hay dos "culpables" porque los dos colaboran por partes iguales en el conflicto. Cuando los padres vienen a preguntar quién empezó la pelea, buscando al responsable, lo más probable es que uno culpe al otro y que lleguen a cambiar la realidad con tal de quedar "libre de culpa".

Los padres no deben tomar partido por ninguno de los dos. Lo mejor es trabajar con cada uno por separado. Si el problema del mayor son los celos, hacerle notar en pequeñas cosas qué importante es ser el mayor. Darle algunos privilegios por ser el más grande. También es importante hablarle "sin culparlo". "¿Cómo te sentirías si tuvieras a alguien diciéndote todo el tiempo que eres un tonto o que no sabes hacer nada bien? Eso le hace daño a tu hermanito y yo sé que tú lo quieres mucho y no deseas hacerle daño". Permita que el niño exprese sus sentimientos negativos hacia su hermano. No le diga cosas como "Eso no se dice, eso está mal, no se hace". El niño sentirá "yo soy el malo, el culpable", eso no hará más que reforzar esa conducta.

Estimule los sentimientos positivos y no le dé mucha importancia a los negativos. Lo que se refuerza es aquello en lo que se pone energía; lo que se deja pasar va perdiendo efecto. Por otro lado, con el hermano que le sigue, hágale ver que él no es tonto como su hermano dice. Felicítelo cuando hace algo bien, hágalo sentirse seguro de sí mismo expresándole su confianza en que él puede hacer todas las cosas bien. Permítale también que exprese sus sentimientos hacia su hermano mayor aunque éstos sean negativos, no los reprima.

Todo sentimiento que se expresa, se libera y pierde fuerza, si se guarda y se esconde, se transforma en una "bomba de tiempo" que en algún momento explota sin ningún control.

Entienda que los sentimientos negativos en los niños pueden ser pasajeros si se canalizan adecuadamente. "¡Odio a José, siempre me saca los juguetes!" no es verdaderamente un sentimiento de odio, es una forma de expresar rabia, impotencia, dolor. Esto es algo pasajero, momentáneo y es mejor que eso salga verbalmente para que se diluya y no se quede adentro y se fortifique.

Lo mejor es no intervenir en las peleas, si ellos lo llaman para que intervenga, usted puede decirles: "Yo no estaba en la habitación cuando empezaron a pelear, eso deben resolverlo entre ustedes, pero en esta familia hay una regla, no nos hacemos daño uno al otro por más molestos que estemos y lo que no voy a aceptar es que ninguno de los dos se golpee". Estos límites impuestos por usted, debe castigarlos a ambos. No con gritos ni golpes ni amenazas, sólo déjelos sin el paseo del domingo o sin la televisión por dos días, o sin cena esa noche.

LAS PALABRAS DUELEN MÁS QUE LOS GOLPES

Este pacto de no-agresión: "En esta familia no nos hacemos daño" incluye la crueldad verbal. Los hermanos saben exactamente qué decir para herir al otro. No permita que un niño dañe la autoestima de su hermano haciéndolo sentir menos.

Para usted asumir esta posición con sus hijos, la debe tener también con su cónyuge. No puede poner límites a los niños cuando usted no los tiene. No puede exigir que no se hieran con palabras cuando usted y su esposo o esposa se agreden o se insultan. Recuerde que los niños aprenden con el ejemplo no con lo que les decimos que hagan. La relación entre los padres debe ser el mejor ejemplo para ellos. Deben ver que los padres resuelven los problemas hablando, no a los gritos o con agresiones verbales o físicas. Tampoco callándose se arreglan los problemas, ni ignorándolos, ya que cuando algo queda sin resolver tarde o temprano "explotará".

La variedad de problemas entre hermanos son valiosas oportunidades para que los niños aprendan a resolver sus desacuerdos y practiquen para cuando sean adultos y tengan que resolver conflictos con otras personas. Los padres pueden ayudar e incentivar a sus hijos a que expresen sus sentimientos. Pregúntele: "¿Cómo te sientes? Entiendo que estés enojado con tu hermano, pero si intentas entender por qué no quiere prestarte su avioncito, tal vez lleguen a un acuerdo. Tú le rompiste ya dos avioncitos antes y él quiere evitar que lo hagas con éste. Habla con él y dile que tendrás cuidado". No sea usted quien intervenga, haga que su hijo aprenda a expresarse y confrontar los problemas por él mismo.

ALGUNAS ACTITUDES QUE CONVIENEN TOMAR

- Aliente a sus hijos a que busquen sus propias soluciones.

- No se ponga del lado de ninguno, ni defienda a ninguno, el otro sentirá que usted lo quiere menos que a su hermano y su resentimiento saldrá en forma de rebeldía más tarde.

- No asuma el rol de árbitro, si no ellos nunca aprenderán a resolver sus conflictos.

- No permita nunca que lleguen al abuso físico o verbal, si es así intervenga y exija que se respeten. Las peleas físicas no ayudan al niño a aprender a resolver los problemas hablando.

- Ser el ejemplo es más poderoso que hablarles de lo que está bien o mal.

- Incentive la comunicación y la expresión de sentimientos.

Capítulo 25

BURLAS: NUESTROS HIJOS DEBEN APRENDER A DEFENDERSE

Los niños hacen bromas y ponen apodos, muchas veces como una forma de juego, sin embargo pueden herir profundamente. Uno de los problemas con el que algunos niños tienen que enfrentarse tarde o temprano en la edad escolar es el de las burlas y los apodos. Llamar "cuatro-ojos" al que utiliza gafas, "grease ball" al gordito o "nerd" al que es inteligente y estudioso, es la diversión de cada día en las escuelas.

LOS NIÑOS HIEREN SIN DARSE CUENTA

Una broma o un apodo de vez en cuando, no tienen ninguna trascendencia, es un juego mediante el cual los niños entrenan sus capacidades verbales, descargan energía sin utilizar la agresión física y, en cierta forma, tantean al que tienen enfrente. Es decir, las bromas son parte del intercambio social entre compañeros de la misma edad. Por otra parte delimitan quien pertenece al grupo y quien no. El problema se presenta debido a que los niños no se dan cuenta del alcance que una burla puede tener sobre alguien y no calibran hasta qué punto llegan a herir al otro. La víctima, a su vez, aún no está preparada para tomarse una broma con filosofía y sentido del humor.

Muchos pueden sentirse seriamente afectados en su autoestima, y rechazados por el grupo. Hay casos en que los niños se niegan a ir a la escuela, se inventan dolores de estómago, y hasta pueden llegar a producir enfermedades reales con tal de no tener que enfrentarse a situaciones dolorosas con sus compañeros. Esto puede afectar seriamente el rendimiento escolar y hasta las futuras relaciones con las demás personas. Cuando la autoimagen de un niño se ve deteriorada y se siente avergonzado de sí mismo, no podrá expresarse libremente ni podrá desarrollar sus capacidades.

¿QUIENES SON OBJETOS DE LAS BURLAS?

Hay niños que poseen una especie de imán y se convierten con facilidad en objeto de las burlas. Son los extremadamente susceptibles o los que reaccionan en forma escandalosa a las bromas, llorando, escondiéndose o persiguiendo a los "malos" al borde de un colapso nervioso.

A veces, los niños se ensañan con alguno sin motivo aparente. Pero, si alguien es objeto repetido de burlas, puede tener algún problema para socializar con los niños y niñas de su edad. ¿Por qué reaccionan tan mal?, cabría preguntarse. Los padres deberían hacer una seria reflexión sobre la personalidad de su hijo y, en especial, sobre la relación que mantienen con él. Quizá el pequeño no está maduro emocionalmente o existe la posibilidad de que lo estén protegiendo en forma exagerada. Cuando un niño es inmaduro emocionalmente no se encuentra preparado para relacionarse adecuadamente con los niños de su edad y tampoco sabrá como defenderse. En estos casos lo más efectivo es una terapia apropiada para que el niño pueda madurar y nivelarse con los otros de su misma edad.

Los niños que tienen una baja autoestima, que no se valoran o que se avergüenzan de ellos mismos son los que inconscientemente atraen las burlas. Los niños son muy perceptivos e inmediatamente se dan cuenta quien va a reaccionar ante una broma o una burla, y cuando probaron una vez y obtuvieron resultados, buscarán otra vez repetir la situación. Los niños tienden a formar grupos y cuando uno se burla, vendrán otros de su mismo grupo a apoyarlo, lo que agrava la situación para la víctima, quien se sentirá atacado por varios compañeros.

¿QUÉ DEBEMOS HACER LOS PADRES?

Lo primero que necesita un niño ofendido por sus compañeros es el consuelo y la comprensión de sus padres. Dejemos que exprese sus sentimientos, su enojo y su dolor. No le digamos que no tiene importancia, ya que para él si la tiene. Tampoco es conveniente decirle "No les hagas caso, ignóralos". Lamentablemente este consejo no sirve. Algunos se ceban aún más ante el silencio. Nuestros hijos deben aprender a vivir con otros y esto también implica encontrar respuestas para lo que no es agradable.

Es importante que los padres enseñen a sus hijos a asumir los "golpes" y a devolverlos adecuadamente. No se trata de que aprendan artes marciales ni de poner siempre la otra mejilla. La cuestión es elaborar estrategias eficaces de defensa. En primer lugar, hay que evitar que responda físicamente. Debemos explicarle que con la violencia no solucionará nada. Un buen sistema para que se entrenen es practicar con nosotros en casa, en un entorno de confianza. Podemos jugar a ponernos apodos en familia. El niño comprobará que no resulta tan difícil responder algo ingenioso y que el mundo no se viene abajo por un apodo burlón. Además, de esta manera, ejercitan su creatividad y amplían su vocabulario.

También podemos intentar que nuestro hijo desarrolle habilidades compensatorias que hagan sombra a su "defecto". Por ejemplo, si el problema son las orejas de *Dumbo* o unos kilos de más, pero cuenta chistes como nadie, sabe hacer trucos de magia o es un as del baloncesto, todos sus amigos lo respetarán y admirarán por eso. De esta forma no sentirá disminuida su autoestima, sino que, por el contrario, se sentirá orgulloso de sí mismo.

¿DEBEMOS ACTUAR COMO DEFENSORES?

Un error común entre los padres es el de erigirse en ángel de la guarda o abogado defensor de un hijo. Es lógico que no queramos verlo sufrir, pero no le hacemos ningún favor actuando de intermediarios en un conflicto entre iguales. El niño tiene que aprender a valerse por sí mismo, ya que en el futuro necesitará instrumentos que le permitan manejarse en múltiples situaciones de este tipo que, sin duda, se le van a presentar. Por el contrario, si el caso es muy difícil, es decir, si el niño se ha convertido en el chivo expiatorio de un grupo poco recomendable o en un punto de mira del matoncito del barrio o de la escuela, los padres deben tomar cartas en el asunto.

Si es necesario, hable con las maestras o con los padres del agresor, pero primero hay que darle la oportunidad al niño de que aprenda a defenderse. Los pequeños tampoco necesitan fiscales que levanten un dedo acusador contra ellos. No tiene sentido culparlos como si se hubiesen buscado la burla en cuestión. Jamás debemos decirles: "Te advertí que los niños se burlarían de ti si te ponías a llorar en la escuela". Tampoco sirve hacerlos sentir menos porque no saben como defenderse, ni compararlos con otro niño que si sabe hacerlo.

REÍRSE CON ELLOS, NO DE ELLOS

Para que nuestros hijos aprendan a tomarse las burlas más livianamente y sin sentirse lastimados, es fundamental darles ejemplo. Una madre le decía a su hija de seis años que podía burlarse de ella cuando la viera despeinada, y se transformó en un juego muy entusiasta para la niña ponerle nombres a su mamá cuando la veía despeinada, la reacción de ésta era una risa juguetona y le contestaba algo gracioso para que siguieran riéndose un buen rato.

Reír con ellos está bien, pero reírse de ellos está prohibido. El lenguaje es una herramienta maravillosa que debemos usar con cuidado. A veces, se nos escapa algún comentario sarcástico o una frase burlona con relación a los hijos. Esto, lejos de resultar inofensivo, puede herirlos seriamente. Hay que andar con cuidado y dar marcha atrás cuando vemos que la cara del niño dice "basta".

Si nuestro hijo nos dice que se ríen o se burlan de él, no le quitemos importancia es una cosa muy seria que requiere de nuestra atención y puede ser una señal de alerta de que está teniendo una baja autoestima o una inmadurez emocional, ambos casos pueden producir dificultades en el aprendizaje, problemas de adaptación y de socialización. Con una psicoterapia el niño puede superar fácilmente estos problemas y asegurarle una infancia feliz y un futuro colmado de éxitos.

Capítulo 26

CÓMO RECONOCER
LA ANSIEDAD

Todos sabemos lo que es sentir ansiedad. ¿Quién no ha sentido un cosquilleo en el estómago justo antes de la primera cita con alguien que nos resultó encantador, o la tensión que se siente cuando nuestro jefe está enojado? Muchas veces la ansiedad nos empuja a actuar y nos obliga a enfrentar ciertas situaciones como: estudiar más para un examen o ser más cuidadoso en nuestro arreglo personal antes de una cita. Otras veces es sólo un sentimiento pasajero, y todo esto es normal y hasta positivo. Pero cuando esa ansiedad es constante y altera varias áreas de nuestra vida, estamos frente a un "Desorden de Ansiedad".

Lo que se diagnostica como un desorden de ansiedad (Anxiety Disorder, A. D.) no es sólo un problema de nervios, como algunas personas dicen "estoy siempre nerviosa", es una enfermedad que si no se cura, puede arruinar nuestra vida y alterar las relaciones con nuestros seres queridos.

Es común observar como en una familia varios miembros padecen de esta enfermedad. Muchas personas dicen: "Mi hermana es así muy nerviosa igual que mamá". Y lo aceptan como una realidad inmodificable, cuando en realidad es una enfermedad que puede ser curada mediante una terapia adecuada.

Lisa, una joven madre de dos niños nos decía: "Yo siempre pensé que era una persona miedosa y que nunca conseguía relajarme ni siquiera en situaciones simples de cada día. Me sentía ansiosa pensando qué iba a cocinar para la cena o qué compraría de regalo para el cumpleaños de mi mejor amiga. Por días y días no conseguía dejar de pensar en lo mismo y la preocupación por pequeñas cosas no me dejaba ni siquiera desconectarme cuando estaba haciendo el amor con mi esposo. Me costaba dormirme porque mi cabeza no dejaba de pensar en lo que debía hacer al día siguiente. No me podía concentrar ni siquiera para leer el periódico o ver una película en televisión. A veces sentía mi corazón latiendo aceleradamente antes de que llegaran amigos a casa o me preocupaba excesivamente si mi hija se demoraba 10 minutos más al volver de la escuela".

El desorden de ansiedad es mucho más que una ansiedad normal que se experimenta día a día, es un miedo y una tensión provocados por cualquier cosa, sin razón aparente. El miedo se siente ya antes de que sucedan las cosas, como una anticipación a que todo saldrá mal, un sentimiento como de "algo malo va a suceder". Se siente un miedo exagerado frente a problemas de salud. "Me duele el estómago, ¿será que tendré un cáncer?" Miedo exagerado a quedarse sin dinero o sin trabajo. Siempre sentir que va a ocurrir algún desastre. Estos pensamientos mantienen a la persona en una constante tensión.

Las personas con "desorden de ansiedad" (D. A.) siempre están preocupadas por algo, y si no hay motivo lo buscan, porque no pueden pensar que pueda haber tranquilidad y felicidad en sus vidas. Estas personas no consiguen relajarse ni cuando duermen. A veces se despiertan durante la noche y no consiguen volver a dormirse.

Muchas veces los miedos van acompañados de síntomas físicos como temblores, dolores musculares en espalda y cuello, dolores de cabeza, irritabilidad, falta de respiración, a veces náuseas o diarrea. Las personas con desorden de ansiedad se sienten cansadas con facilidad y tienen momentos de gran depresión y ganas de llorar, a veces sin saber por qué.

Muchas personas sufren de esta enfermedad desde la niñez o la adolescencia por lo que piensan: "así soy yo", porque no se recuerdan a sí mismos de otra manera. Pero cuando estos síntomas no son una manera de ser sino un problema que puede resolverse, generalmente la psicoterapia es muy efectiva y en algunos meses la persona puede sentir que por primera vez está en control de su vida y no que los miedos, la ansiedad y las preocupaciones la controlan.

ATAQUES DE PÁNICO

Muchas personas con desorden de ansiedad pueden sufrir de ataques de pánico. Estos aparecen repentinamente y sin aviso. La persona siente un terror incontrolable. Muchas personas comienzan a sentir una gran ansiedad pensando qué les puede pasar en cualquier momento y se preocupan mucho de cuándo ocurrirá el próximo ataque.

Síntomas comunes de un ataque de pánico:

- El corazón late muy fuerte
- Dolor en el pecho
- Mareo
- Problemas de estómago o náusea
- Mejillas rojas
- Calor en la cara
- Falta de respiración
- Terror
- Sentimiento de estar fuera de control
- Temor a morir
- Transpiración

Algunas personas sienten como que van a tener un ataque al corazón o van a perder la mente, pero estas sensaciones duran unos pocos minutos y luego desaparecen.

Recientes estudios indican que alrededor de seis millones de estadounidenses sufren de ataques de pánico, sólo contando aquellos que lo han detectado y buscan ayuda.

Es más común en las mujeres que en los hombres. Si por ejemplo, una persona tuvo un ataque de pánico en un ascensor, desarrollará miedo a subir en ellos y tratará de evitarlos en el futuro. Algunas personas pueden evitar situaciones cotidianas como manejar un carro o salir solos a la calle debido al temor de tener otro ataque. Básicamente evitan las situaciones a las que les tienen miedo y las personas se vuelven muy dependientes de otros miembros de la familia.

Alrededor de un tercio de las personas con ataques de pánico desarrollan una condición llamada Agorafobia. Estas personas temen estar en lugares públicos donde hay mucha gente.. Evitan reuniones familiares, salidas a la calle o idas al cine. Los estudios muestran que con una psicoterapia apropiada, y en algunos casos con cierta medicación, las personas superan estos problemas en relativo corto tiempo.

FOBIAS

Las fobias son un miedo a ciertas situaciones o a determinados objetos o animales.

Martín, un joven de 27 años nos decía: "Yo siento que me muero si me subo a un avión. Siento que cuando subo y cierran las puertas, estoy atrapado, mi corazón late aceleradamente y comienzo a transpirar, siento que voy a perder el control, es una sensación intolerable. No es que tenga exactamente miedo a un accidente es que me siento atrapado, y prefiero no ir de vacaciones ni hacer ningún viaje, antes que sentir esa horrible sensación".

Muchas personas tienen miedo a subir a pisos altos, a escaleras, a túneles, a quedar atrapados en la autopista repleta de automóviles. Las fobias son miedos irracionales. Las personas pueden tener miedo a subir al décimo piso de un edificio, pero no a esquiar en la más alta montaña. Las personas pueden tener miedo a un ratón inofensivo y no a un tigre. Estas personas se dan cuenta que sus miedos son irracionales, pero no los pueden enfrentar. Muchas veces encontrarse en una situación a la que uno le tiene fobia, puede producir un ataque de pánico.

Este tipo de problema generalmente se repite en varios miembros de una familia y puede aparecer en la infancia o en la adolescencia. Las fobias que aparecen en los adultos suelen ser más persistentes que las que aparecen en los niños. Se calcula que un veinte por ciento de los adultos padecen de una fobia específica. Muchas personas no avanzan en su vida personal o en sus carreras debido a que evitan situaciones o cosas a las que les tienen fobia.

La psicoterapia y los ejercicios de relajación son de gran ayuda para este problema. La mayoría de los casos se resuelven en cuanto se reduce el grado de ansiedad. Muchas personas al no tener información sobre lo que es una psicoterapia pueden enfrentar esta situacieon por años y años.

Cuando los niños sufren de ansiedad, ataques de pánico o fobias, es muy importante ponerlos en tratamiento lo antes posible ya que son problemas que no se resuelven solos sino que, por el contrario, se agravan con el tiempo. Muchos padres aceptan con naturalidad que su hijo esté muy ansioso o piensan "es igualito a su padre", sin embargo la ansiedad en el niño suele traer dificultades en la escuela debido a los síntomas que acarrea, como falta de concentración, atención dispersa, inquietud, irritabilidad, problemas para dormir y otros. La ansiedad no deja a la persona disfrutar de la vida y es lamentable que un niño no disfrute de su infancia tan solo porque padece de una enfermedad que con un tratamiento adecuado podría resolverse.

Capítulo 27

CÓMO AFECTA A LOS HIJOS CUANDO SON ABANDONADOS POR EL PADRE

Cuantas veces hemos escuchado a mujeres quejarse de su esposo. "Él ya no resuelve nada, no se enfrenta, no decide, yo soy la que lo hace todo. Pero estoy cansada, todo el peso recae sobre mis espaldas. Él va a trabajar, vuelve y sólo mira televisión. Claro que él me ama y yo soy muy importante para él; en realidad no sé que haría sin mí".

Rocío lleva cuatro años de casada, y ya no puede más. Nos dice que está decidida a divorciarse, y que no ha querido tener hijos porque sabe que toda la responsabilidad y trabajo recaerá sobre ella. La conducta de su esposo y su dependencia de ella, la hacen sentirse indispensable. Ella repite: "No sé que haría él sin mí", y aquí está la clave del problema. Por un lado, ella se siente orgullosa de eso y por otro lado siente un gran peso y una responsabilidad que la agobian. Es este peso lo que no tolera y lo que la hizo tomar la decisión de no tener hijos y de divorciarse.

Si examinamos la situación, veremos que la mitad de la responsabilidad le pertenece a su esposo y la otra mitad a ella. Sin embargo, ella resolvía y hacía todo hasta tal punto que él fue "cediendo terreno" hasta abandonarse a no hacer nada ni tomar ninguna decisión. Rocío fue tomando gradualmente el control de casi todas las situaciones hasta que él ya no podía funcionar sin ella. Lo que está detrás de este control y de este "ser necesitada" es un horrible "miedo al abandono".

Cuando Rocío tenía cuatro años, su padre dejó el hogar. Como ella era hija única, su madre centró toda su atención en la niña, tratando de ser padre y madre. Rocío veía a su madre llorar y quejarse de 'los hombres'. "Todos son iguales, ilusionan a las mujeres, se casan, tienen hijos y luego las abandonan sin importarles nada". La madre de Rocío nunca volvió a casarse y se expresaba de los hombres siempre generalizando: "Son todos iguales". Rocío sufrió intensamente al no ver a su padre, pero luego se fue acostumbrando hasta que sintió que ya no lo necesitaba. Cuando Rocío llegó a la adolescencia, se sentía atraída hacia los jóvenes, pero era introvertida y no se abría fácilmente a ellos. A otro nivel más profundo, y casi sin ser consciente de ello, tenía mucho miedo a enamorarse y ser abandonada (como su madre). Tampoco quería volver a vivir el dolor intenso del abandono de su padre. Todos estos sentimientos fueron reforzados por las palabras de su madre: "todos son iguales".

Cuando Rocío conoció a su esposo, a un nivel inconsciente percibió que él era emocionalmente dependiente, incapaz de enfrentar y resolver las cosas solo, y eso le hizo sentir que él nunca la dejaría: "Este hombre jamás me abandonará". Los hombres necesitados no abandonan, se acostumbran a que todo se lo resuelvan. Dependen de otros, y de esta forma la mujer tiene el control. Así mismo, detrás de una mujer controladora, hay un gran temor a ser abandonada o engañada. Esta situación a la larga no le da felicidad ni satisfacción a ninguno de los dos y tarde o temprano la relación se rompe, ya sea por iniciativa de él o de ella.

Rocío había percibido el odio de su madre hacia los hombres y también había sentido un gran amor por su padre los pocos años que compartió con él. Rocío entendió que la única forma de tener a un hombre cerca era controlando la situación, haciéndose indispensable para asegurarse no ser abandonada. Ella se siente tan segura de no ser abandonada, que es ella quien decide "abandonar" al querer divorciarse. Una parte de ella sabía todo esto cuando aceptó casarse con un hombre con las características de su esposo.

CÓMO PODEMOS AYUDAR A LOS HIJOS

Si usted es "abandonada" por su esposo, primero trate de entender la situación. Pregúntese cómo llegó usted a ese punto. No se culpe a sí misma. Trate de ser objetiva. Es muy importante procesar los sentimientos y no quedarse con la rabia y el rencor guardados por dentro; eso les hará daño a usted y a sus hijos.

Si consigue liberarse de la rabia inicial y entender todo lo que ha pasado, debe evitar la tendencia a generalizar y culpar a todos los hombres ya que este tipo de mensaje hace mucho daño tanto a un hijo como a una hija, y les afectará en toda su vida futura. En el varón, afectará la imagen de sí mismo y su autoestima, y en la niña afectará su relación con los hombres. El padre es la primera imagen de hombre que el niño y la niña tienen y es el molde o modelo que ellos tendrán de los hombres. Es muy importante no hablarles mal del padre y cargarlos con su propio rencor y rabia. Estos son sentimientos suyos con respecto a este hombre, pero no tiene que ser el sentimiento de sus niños hacia su padre. Hábleles a sus hijos con honestidad de lo sucedido, pero no los cargue con sentimientos que no les pertenecen.

Si usted tiene dificultad para enfrentar estos problemas, busque ayuda profesional. A veces nuestros sentimientos y emociones son tan intensos que no nos dejan ver claramente, y decimos o hacemos cosas que afectarán profundamente a nuestros hijos.

Capítulo 28

LOS EFECTOS EMOCIONALES
DE UN ABORTO

Muchas mujeres en la actualidad saben que los riesgos físicos de un aborto han disminuido. Lo que no saben es hasta donde pueden quedar afectadas a nivel emocional. En algunos casos, la mujer cree que por haber olvidado el hecho, éste ya no les afecta en su vida presente. Sin embargo, las secuelas emocionales pueden quedar de por vida. Aunque no queden cicatrices físicas, las heridas emocionales pueden afectar hondamente la relación de la mujer consigo misma, con sus otros hijos y con su pareja.

Las siguientes son algunas de las complicaciones emocionales más comunes después de un aborto:

SENTIMIENTO DE CULPA

La mujer se siente culpable de no haber permitido que su hijo viva. Generalmente, la mujer siente a su hijo, especialmente mientras está dentro de su vientre, como una parte suya y en realidad no ha permitido que viva una parte de su propio ser. Aunque tenga explicaciones intelectuales sobre las razones que la llevaron a tomar esa decisión, hay otra parte, que no es mental, que no se satisface con esas explicaciones y se siente una mala persona. Este sentimiento de culpa puede producir en el futuro una búsqueda inconsciente de situaciones, de sufrimiento para poder expiarla: "Merezco sufrir por lo que hice". Muchas mujeres aceptan ser abusadas y usadas por otras personas debido al sentimiento de: "Merezco sufrir por lo que hice". Comúnmente, las mujeres temen no poder quedar embarazadas después de un aborto, el castigo es no poder ser madres. Ese temor puede justamente actuar como un factor psicológico que evita un nuevo embarazo.

Una madre joven, de un niño de cuatro años nos contó muy preocupada porque su hijo repetía "No puedo", ante cualquier situación nueva que se le presentara. Ella inmediatamente se lo resolvía, y eso llevaba a que el niño no quisiera hacer ningún esfuerzo. Ella nos decía: "Yo todo se lo resuelvo, quiero que sea feliz, que no sufra, que todo le sea fácil, pero lo que consigo es que él no quiere hacer nada por sí mismo, todo quiere que se lo hagan, no lo veo listo para ir al jardín de infantes, actúa como un niño mucho menor de su edad".

Este es un caso típico de sobreprotección. Indagando más a fondo, encontramos que la madre quería darle en forma excesiva "todo" a ese niño porque era la manera inconsciente de pagar su culpa por un aborto que se había hecho cuando tenía 18 años. Ella prácticamente lo había olvidado; nunca pensaba en ello. Fue antes de casarse y temía la reacción de su familia así como la imposibilidad de casarse inmediatamente ya que su novio no estaba en condiciones económicas para contraer matrimonio.

Su hijo estaba recibiendo una sobreprotección exagerada (le daba lo que no le pudo dar al niño que fue abortado) que le dañaba su autoestima. Cuando se le da a un niño todo resuelto, y no se lo estimula a que se esfuerce, el niño siente que no puede. El mensaje que recibe es: "Si todo me lo hacen es que yo no puedo solo". Este mensaje grabado en su subconsciente, hace que el niño no quiera hacer ningún esfuerzo porque de antemano cree que no logrará nada. Buscará que todo se lo hagan y se sentirá disminuido ante otros niños. Esto lo hace volverse dependiente, inseguro, demandante, intolerante y con poca confianza en sí mismo.

Esta madre pensaba a nivel subconsciente que haciendo "el doble" por este hijo, pagaba su culpa por aquél niño a quien le quitó la vida.

DEPRESIÓN E IDEAS DE SUICIDIO

Inmediatamente después de un aborto puede aparecer una depresión que hace sentir a la mujer sin ninguna motivación para vivir, falta de energía, deseos de dormir mucho y sentirse desconectada de las demás personas. Es común que la mujer se encierre en su cuarto a oscuras y no desee ver a nadie. También se pone hipersensible, llora por cualquier cosa y todo le afecta desproporcionadamente. Si estos síntomas permanecen más de dos o tres meses, puede convertirse en una depresión crónica y será necesario un tratamiento psicológico. En algunos casos pueden aparecer ideas de suicidio y si la mujer tiene que enfrentar alguna otra situación emocionalmente difícil, como el abandono de su pareja, una infidelidad o la pérdida de su trabajo, puede desencadenarse un intento de suicidio.

El aborto no es sólo la muerte de un hijo, es la muerte de una parte de la mujer. Esta pérdida resulta muy dolorosa y la depresión es una reacción normal. Muchas mujeres tratan de no pensar en lo sucedido y tapan sus verdaderos sentimientos, tratando de hacer como que no les afectó. Este "encubrimiento" del verdadero dolor y del sentimiento de pérdida traerá problemas más adelante. Si la depresión se transforma en crónica y las ideas de suicidio no desaparecen, hay un peligro latente de un "intento de suicidio". Esta situación debe ser enfrentada y la mujer debe hacer psicoterapia con un profesional.

DESCONEXIÓN EMOCIONAL CON SUS OTROS HIJOS

Si el aborto ocurre cuando la mujer tiene otros niños, se puede encerrar en sí misma, y sentirse culpable y desconectarse emocionalmente de sus otros hijos. Esto puede traer consecuencias muy serias en ellos, debido a que se sentirán no queridos por su madre. Buscarán llamar la atención de varias formas. Se volverán inquietos, desobedientes, y rebeldes como una forma de recuperar a esa mamá que está "hundida en sí misma" y no les da la atención que necesitan.

EFECTOS SOBRE LA SEXUALIDAD

La mujer puede sentir un excesivo miedo a quedar embarazada otra vez. Esto puede traer mucha ansiedad, en especial durante las relaciones sexuales. Puede ser que las evite o no consiga entregarse. También es probable que una parte de ella culpe a su esposo por la decisión del aborto, ya sea que haya sido por sugerencia o por presión por parte de él. O porque es él quien insiste en tener relaciones sexuales, o porque no se cuidó adecuadamente esa vez. Si hay una parte de la mujer que está enojada o dolida, le será muy difícil tener relaciones sexuales armónicas. La sexualidad de la mujer está muy conectada con sus estados emocionales y cuando siente rencor, rabia o dolor, no puede entregarse espontáneamente. Esto puede llevar a ambos a la insatisfacción en ese campo que muchas veces puede terminar en una infidelidad.

DESARROLLO DE DESÓRDENES DE ALIMENTACIÓN

Es probable que después de un aborto la mujer muestre cambios en sus patrones alimenticios: o comienza a comer demasiado, buscando especialmente las cosas dulces (busca el placer de la comida para tapar el dolor y la culpa) o se "castiga", dejando de comer. Estos cambios pueden traer serias consecuencias.

Capítulo 29

CÓMO LOS PROBLEMAS EN LA PAREJA AFECTAN AL NIÑO

Muchas veces vienen los niños a terapia, y la actitud de los padres es como si nos dejaran una radio que no funciona bien y esperan que se la devolvamos "funcionando correctamente". Cuando comenzamos a trabajar con el niño y lo evaluamos, nos damos cuenta que gran parte de los problemas se originan en la familia y más específicamente en la relación entre los padres.

María, una madre de dos niños, uno de 4 y otro de 2 años, vino a nuestras oficinas para que evaluemos a Jorgito, su hijo mayor. Ella nos cuenta que el niño no le obedece y que ella termina gritando o repitiendo diez veces la misma cosa. Su hijo le responde gritando: "¡Tú no sabes nada!" "¡Cállate y déjame en paz!" Y para colmo a veces le dice: "¡Cuándo llegue papá le contaré que me pegaste!"

Ella sigue contándonos:

María: "Y lo peor es que cuando llega mi esposo, Jorgito le cuenta la historia a su manera haciéndome quedar siempre mal. Luego mi esposo se enoja y me dice que no tengo paciencia con el niño, que lo castigo por cualquier cosa, y a veces me amenaza diciéndome que algún día se llevará a los niños para que los eduque mi suegra".

María se queja: "Si le pongo un castigo al niño porque no hizo la tarea, el padre se lo quita cuando llega, si le grito, luego mi esposo se enoja conmigo y frente a los niños me amenaza que los llevará al lado de su madre".

Resultado: No tengo armas, mi hijo no me obedece y no puedo hacer nada. Ya la situación está tan insoportable que estoy muy nerviosa y me exaspero por todo. A veces me siento frustrada como madre, veo que mis hijos no me obedecen, no me respetan y sólo recibo críticas y amenazas de mi esposo. Muchas veces pienso que Jorgito no me quiere como madre, él sólo escucha y obedece a su padre, y para colmo mi hijo menor está siguiendo los pasos de su hermano".

Cuando le dijimos a María que el problema no era Jorgito, sino quienes necesitaban terapia eran ella y su esposo, se sorprendió y nos dijo: "Si Jorgito me obedeciera, nosotros no tendríamos grandes problemas".

Aquí vemos un caso muy común. A los padres les cuesta aceptar que el origen del problema está en el relacionamiento de la pareja. Papá Jorge desautoriza a María, le muestra a sus hijos que lo que ella dice o hace no es correcto, le dice a María frente a los niños que estarían mejor criados con la abuela. Si María les da un castigo, el padre se los quita; si les grita o finalmente les pega, los niños saben que mamá será castigada por eso con una severa crítica o una amenaza.

El mensaje que Jorgito y su hermano reciben de su padre: "No escuchen a su madre, lo que ella dice no vale, y si les pega háganmelo saber. Aquí la única palabra que tiene valor es la mía". Este mensaje no es necesariamente expresado con palabras pero sí es transmitido por hechos. Como Jorgito y su hermano son varones, necesitan identificarse con su padre; el niño entre los 3 y los 5 años va formando su identidad sexual y para los varones el padre es el héroe, el ídolo, el que nunca se equivoca, el modelo a quien copiar.

Si los niños ven que ese héroe menosprecia a la mujer, la rebaja, le quita autoridad, el niño piensa que él debe hacer lo mismo.

Así se va formando un modelo, un patrón de funcionamiento en el que la palabra de la mujer no tiene valor. En este caso el problema arranca de María y Jorge que no tienen una buena comunicación, ni un relacionamiento basado en el respeto. Jorge y María deben aprender a ponerse de acuerdo sobre la forma de ponerle límites a sus hijos y qué castigos usar. Si María deja a Jorgito sin ver televisión por no haber hecho la tarea, Jorge debe apoyarla. Los padres deben mostrar un frente común, un estado de acuerdo, para evitar que los niños se aprovechen de la situación. Jorgito manipula a su madre cuando le dice: "Ya le contaré a papá cuando venga". Él sabe que eso frenará a su madre y si lo probó una vez y le dio resultado, lo seguirá usando, a menos que su padre cambie de actitud.

Cuando la comunicación falla, los padres no pueden ponerse de acuerdo porque cada uno quiere tener razón o porque no saben escucharse uno al otro. Si no pueden ponerse de acuerdo con respecto a sus hijos, seguramente no pueden hacerlo en otras áreas.

Aquí el problema comienza en la pareja, la actitud de los niños no es más que un "efecto" de la falta de comunicación y de respeto entre María y Jorge. No es sólo el padre el responsable de esta situación, la madre no se hace respetar y deja que la desvaloricen porque se siente insegura y tiene una autoestima muy baja. Ella sufre y se queja, pero ella no da un paso para cambiar la situación. Jorge y María necesitan una terapia de pareja para aprender a comunicarse, a respetarse, a escucharse y cuando esto se resuelva, sus hijos recuperarán el respeto y la obediencia a su mamá.

Si un niño pelea y es agresivo con otros niños, es muy probable que haya visto agresión y pelea en la relación de sus padres. Tal como sus padres se comunican, es como el niño aprende a comunicarse con los demás. Si el niño ve que sus padres no se escuchan uno al otro, él no aprenderá a escuchar. Si el niño ve que sus padres se desvalorizan uno al otro, el niño aprenderá a desvalorizar a los demás. La forma de relacionarse entre los padres es el modelo que el niño seguirá.

Si hay lucha de poder entre sus padres, el niño utilizará y manipulará la situación para su propio beneficio. De esta manera, los padres estarán creando un niño manipulador. Lo ideal es que la autoridad sea compartida, que haya armonía, diálogo, respeto, tolerancia, pero si no la hay, no carguemos las culpas en el niño, él sólo es un efecto. Busquemos ayuda, una terapia de pareja puede evitar años de dolor y sufrimiento, puede evitar un divorcio y sobre todo, puede evitar graves consecuencias en sus hijos.

Los hispanos culturalmente hemos heredado la idea de una terapia cuando las cosas andan mal. En el mundo anglosajón, es común que si hay problemas, se busque ayuda. Si cuando nos duele un diente vamos al dentista, ¿por qué no ir al psicólogo cuando nos duele el alma? El alma es el mundo de las emociones y los sentimientos y es allí donde los psicólogos estamos entrenados para trabajar. Hacer una terapia no tiene nada que ver con la locura. Los psicólogos y psicoterapeutas están a disposición de las personas que quieren mejorar su vida, resolver sus problemas y vivir en armonía consigo mismo, sus seres queridos y el mundo que los rodea.

La experiencia de una terapia es una experiencia de crecimiento y aprendizaje, donde uno aprende a resolver problemas, a enfrentarse con la vida, a combatir los celos, la inseguridad, los temores, etc. Si tiene problemas consigo mismo, de pareja o con sus hijos no espere a que sea demasiado tarde. La vida merece ser vivida con alegría y plenitud, y si ponemos siempre las culpas en otros, nunca haremos lo necesario para hacer cambios en nosotros mismos.

Capítulo 30

CÓMO PREVENIR QUE SUS HIJOS SE ACERQUEN A LAS DROGAS Y ALCOHOL

Muchos padres piensan que mantener a los hijos fuera de las drogas y el alcohol es una tarea que comienza a los 12 ó 13 años, con el comienzo de la adolescencia, sin embargo el proceso de prevención comienza cuando el niño es un bebe.

Muchos padres también piensan que las "malas compañías" son las causantes de que un niño comience a beber o usar drogas. Sin embargo para la consumición de estas dos sustancias adictivas se necesitan factores condicionantes y factores detonantes.

"Las compañías" son solo el factor detonante, pero si un niño no tiene "las condiciones" emocionales por más que lo inviten o lo presionen seguirá diciendo "no".

Los factores condicionantes son los que hacen la diferencia.

FACTORES CONDICIONANTES

MECANISMOS DE ESCAPE

Estos son mecanismos que el niño aprende desde que es un bebe, por ejemplo: si este se asusta o le duele el estomago, llora, la madre se acerca y le da el chupón untado en azúcar, el niño inmediatamente al percibir el sabor dulce en la boca deja de llorar, en cuanto pasa el dulzor, escupe el chupón y sigue llorando, la madre repite la operación.

Lo que el niño va aprendiendo es que cuando tiene miedo o algo le duele, se encubre con algo placentero (el azúcar), en vez de enfrentar y resolver lo que le molesta. Más adelante lo placentero puede ser algo dulce, un cigarrillo, el alcohol o una droga.

Si en cambio la madre se acerca e investiga por que llora, revisa el pañal si no esta mojado, utiliza su intuición de madre para descubrir si algo le duele, si algún miedo o sombra lo asustó; luego lo toma en brazos y lo calma; el niño aprenderá a enfrentar en vez de escaparse.

Ya a temprana edad el niño aprende a usar mecanismos de escape. El alcohol y marihuana son perfectos para este propósito. La marihuana sobre todo produce un estado de calma y satisfacción que el joven no encuentra en su vida real.

LA SOBREPROTECCIÓN

Si a un niño se lo sobreprotege y no se lo estimula a desarrollar sus capacidades, crecerá miedoso, inseguro y buscara apoyarse en alguien o en "algo", porque sentirá que solo no puede, que no es capaz.

Si de pequeño todo se le resuelve, con el comienzo de la adolescencia se verá forzado a resolver situaciones por si mismo, pero buscara un apoyo que le de seguridad, como un cigarrillo entre los dedos, o unos tragos de alcohol que pueden hacerlo sentir "Superman", ni que hablar de estimulantes como la cocaína que produce una sensación de súper poder.

BAJA AUTOESTIMA

La baja autoestima produce en el niño la idea que él no tiene ningún valor, de no quererse, de no ser importante y de no "poder". Cuando descubre con los primeros tragos de cerveza que es capaz y puede todo lo que "cree que no puede", inmediatamente busca repetir la experiencia y así comienza la adicción.

Cuando un niño de 14 años no se anima a darle un beso a la niña que quiere enamorar, y se da cuenta que después de unos tragos de alcohol no solo se anima a besarla, sino también a decirle que la ama, esa experiencia de obtener valor con el alcohol buscará repetirla. El alcohol le saca una personalidad opuesta a la que él conoce de si mismo.

Muchos jóvenes me dicen que empezaron a beber o a fumar marihuana como una forma de acercarse al grupo más popular de la escuela y ser parte de ellos. Eso se da cuando el joven siente que no vale por si mismo y para tener valor tiene que estar cerca de otros considerados "valiosos" o populares.

La baja autoestima hace que quieran sobresalir con acciones negativas, en vez de positivas.

DEPRESIÓN O ANSIEDAD

Los niños que sufren de depresión o ansiedad son "candidatos" en riesgo a consumir alcohol y/o drogas durante la adolescencia. El joven que sufre de depresión se siente desganado, sin energías, sin motivos, triste, hipersensible.

Estimulantes como la cocaína y el "crack" generan energía, motivación, alegría y un adormecimiento de emociones, como el dolor. Estas drogas suprimen momentariamente los síntomas desagradables de la depresión.

En el caso de la ansiedad, sucede algo similar, el cigarrillo, el alcohol y la marihuana calman la ansiedad, los nervios y producen un estado de relajación que el joven siente que no obtiene de otro modo.

La búsqueda de calma, el escape de los problemas, la necesidad de sentirse mejor, son las principales causas para comenzar a consumir drogas y alcohol.

FACTORES SOCIALES

Hay en la comunidad latina una idea de "machismo" que apoya que el hombre es "macho" cuando bebe y para formar parte del grupo de adultos hay que ser un buen bebedor.

También se cree que no puede divertirse sin alcohol, estos son creencias que los jóvenes reciben del mundo social que los rodea.

PADRES QUE BEBEN

Cuando un niño crece viendo alguno de sus padres bebiendo considera que eso es normal y para pasar a ser adulto debe beber. Los padres no tienen autoridad para decirle que beber es malo para su salud física y mental si no predican con el ejemplo.

La adolescencia es un periodo de grandes cambios físicos y emocionales. El joven se enfrenta a muchas cosas nuevas y es cuando comienza a probarse a si mismo, a compararse con otros, a buscar pertenecer a un grupo. Si llega a esta etapa con baja autoestima, inseguridad, depresión o ansiedad, esta mucho más en riesgo que aquellos jóvenes que se sienten más seguros de si mismos y son más estables emocionalmente.

Cuando hay peleas en la casa, un ambiente hostil o demasiadas criticas, el joven tratara de "evadirse" y las drogas sirven para ese fin.

PRINCIPALES SEÑALES QUE INDICAN EL USO DE DROGAS Y ALCOHOL EN ADOLESCENTES

• El corazón late muy fuerte

• Dolor en el pecho

• Mareo

• Físicas: fatiga, problemas para dormir, quejas continuas de su salud, ojos enrojecidos y sin brillo, una tos persistente.

• Emocional: cambios de personalidad, cambios constantes de humor, irritabilidad, irresponsabilidad, baja autoestima, carencia de juicio, depresión, retraimiento y falta de interés.

• De familia: el comenzar argumentos, desobedecer las reglas, el retraerse o dejar de comunicarse con la familia.

• En la escuela: poco interés, actitud negativa, bajas calificaciones, ausencias frecuentes, falta de deber y problemas de disciplina.

- Problemas sociales: amigos envueltos en drogas y alcohol, problemas con la ley y el cambio dramático en el vestir y apariencia.

Algunas de estas señales de aviso pueden también ser señales indicativas de otros problemas emocionales. Si se sospecha el uso/abuso de drogas o alcohol, entonces al adolescente se le debe hacer una evaluación comprensiva llevada a cabo por un profesional de salud mental capacitado.

Los padres pueden ayudar a sus hijos proveyéndole la educación a temprana edad acerca de las drogas y el alcohol, estableciendo una comunicación abierta, siendo ejemplo y modelo, detectando y tratando desde el comienzo los problemas que surjan.

Si usted sospecha que su hijo esta usando drogas:

- No reaccione violentamente con insultos, amenazas o gritos.

- Resista la urgencia de revisar el cuarto y las pertenencias de su hijo, en busca de evidencias.

- Exprese sus preocupaciones a su hijo en forma calmada y cuando los dos estén relajados.

- Si su hijo esta usando drogas no use ultimátum.

- Si esta en problemas con la policía o tiene que ir a la corte, apóyelo y ayúdelo a sufrir las consecuencias, pero no se las evite.

- Infórmese sobre los efectos de las drogas que esta usando su hijo.

- Investigue cuanto tiempo hace que esta usando la droga o si es la primera vez.

- Busque ayuda profesional.

Si sospecha que su hijo esta usando drogas pero no tiene evidencias, llévelo a su medico y pídale un examen para detectar el uso de drogas y alcohol.

ALGUNAS ESTADÍSTICAS

- Jóvenes quienes los padres les hablaron regularmente sobre el peligro del uso de drogas tienen un 42% menos probabilidad de usar drogas comparado con aquellos que los padres no les hablaron, solo uno de cuatro jóvenes reporto haber tenido esta conversación.[1]

- Alcohol es la droga mas común usada entre adolescentes [2]

- Los adolescentes que consumen alcohol tienen un 50% más de probabilidades a consumir cocaína, que los adolescentes que no consumen alcohol.[2]

- Un 40% de los jóvenes que comienzan a beber alcohol a los 14 años o menos, desarrollan más tarde la dependencia, comparado con un 10% de aquellos que comenzaron a los 20 años o más.[2]

- 65% de los jóvenes que consumen alcohol dicen haber recibido alcohol de familiares o amigos.[2]

- 28% de los adolescentes conoce un amigo o un compañero de clase que a usado éxtasi, y un 17% conoce más de dos que lo han usado.[3]

• Del 8º grado en adelante, el 52% de adolescentes ha con-
sumido alcohol, el 41% fumado cigarrillos, y el 20% ha
usado marihuana.[2]

• En el año 2000, más del 60% de los adolescentes afirma-
ron que drogas fueron usadas, guardadas o vendidas en
sus escuelas.[3]

Notas

1. Partnership for a Drug-Free America
2. Substance Abuse: *The Nation's Number One Health Problem*
3. U.S. Dept. of Health & Human Services

Glosario

AGORAFOBIA: Estado o sensación de angustia y ansiedad que experimentan algunas personas ante los espacios abiertos, y en lugares donde hay conglomeración de gente.

ANSIEDAD: Estado de ánimo inquieto, agitado o afligido. Angustia grande que no permite sosiego. Algunos de los síntomas son palpitaciones, falta de respiración, anticipación a que algo malo va a pasar, inquietud, no poder estar quieto en un lugar, miedos incontrolables.

AUTORITARIO: Persona rígida que asume el control de las situaciones y personas sin tomar en cuenta las necesidades o sentimientos de los otros. Despótico, imperioso, altanero.

AUTOESTIMA: Valoración de la propia persona que indica cuánto o qué la misma puede lograr en la vida.

DEMOCRÁTICO: Perteneciente a la democracia o que tiene relación con ella y que significa el ejercicio de la soberanía alcanzada por un grupo de personas.

DEPRESIÓN: Decaimiento del espíritu o de la voluntad, estado de ánimo en el que la persona se siente sin energías, sin voluntad de vivir, desmotivada y aislada. Algunos de los síntomas de depresión son: dificultad para dormir o demasiadas horas de sueño, cambio en los patrones alimenticios (come demasiado o tiende a no comer), falta de concentración, irritabilidad, cansancio, llora con facilidad, miedos, pensamientos suicidas.

EMPÁTICO (EMPATÍA): Persona que es capaz de sentir lo que el otro siente.

EXACERBAR: Causar enojo o enfado muy grave, irritar. Agravar o avivar una dolencia, una pasión, un enfado, etc.

FISIOLOGÍA: Ciencia que estudia las funciones de los seres orgánicos y los fenómenos de la vida.

FOBIA: Aversión apasionada e irracional hacia algo. Miedo descontrolado.

MONOGAMIA: Calidad y estado de monógamo. Régimen de familia que no acepta la pluralidad de matrimonios simultáneos.

MOTRICIDAD: Acción del sistema nervioso central que determina la contracción muscular.

POLIGAMIA: Calidad y estado de polígamo. Régimen familiar en que el varón puede tener pluralidad de matrimonios simultáneos.

PSICOLOGÍA: Ciencia que estudia los diferentes estados emocionales, sus motivaciones, consecuencias, la actividad psíquica y la conducta humana.

PSICOTERAPEUTA: Profesional que se dedica a la aplicación de la psicoterapia.

TERAPIA: Parte de la medicina o de la psicología que se ocupa del tratamiento para combatir una enfermedad de orden físico o emocional.